AUSTRIA

오스트리아

CHALET Travel Book

CONTENTS

여행정보 업데이트

샬레트래블북 오스트리아의 정보는 2024년 8월까지 수집한 정보와 자료로 만들었습니다. 단, 책에 소개되어 있는 관광지와 숍, 레스토랑의 오픈 시간 및 요금, 교통편과 관련된 내용은 현지 사정에 따라 변경될 수 있습니다. 샬레트래블북은 6개월 또는 1년 마다 가장 최신 정보가 업데이트 된 개정판을 발행합니다.

GETTING STARTED
AUSTRIA

RECOMMENDED TRAVEL ITINERARY
추천일정

빈+잘츠부르크+잘츠카머구트 4박 5일 — 006

빈+잘츠부르크+잘츠카머구트+인스부르크 5박 6일 — 007

AUSTRIA HIGHLIGHT
오스트리아 하이라이트

누구나 아름다움을 만끽할 권리,
오스트리아의 고성과 궁전을 찾아서 — 010

엘리자베트가 사랑한 작은 마을 첼암제 — 017

쉽게 곁을 내주지 않는 오스트리아 최고봉
그로스글로크너 드라이빙 — 021

〈007 스펙터〉 속 바로 그곳, 아이스큐 — 023

클래식 선율에 물드는 오스트리아 여행 — 024

19세기 말, 빈을 달궜던 오스트리아 화가 3인 — 027

650년 동안 지켜온 오스트리아의 왕가, 합스부르크 — 031

오스트리아의 눈부신 겨울여행 크리스마스마켓 — 032

느긋하게 즐기는 워터월드,
오스트리아 최고의 스파 리조트 — 038

머무름, 그 자체가 여행 — 045

메인 요리부터 디저트까지! 오스트리아 대표 음식 — 052

맛집 찾기에 앞서 알아야 할 오스트리아 식당 종류 — 058

끊임없이 전통이 재창조되는 공간, 커피하우스 — 060

화이트 와인의 정수, 오스트리아 와인 — 064

물맛부터 다르다! 오스트리아 맥주 — 069

오스트리아 여행 중 한 번쯤 만나게 되는 체인점 — 073

지금 아니면 안 돼! 눈 딱 감고 사고 싶은 쇼핑 리스트 — 076

여행 중 최대 고민 해결! 오스트리아 기념품 선물 — 080

지갑이 가벼워도 괜찮아, 만만한 슈퍼마켓 쇼핑 리스트 — 084

이 책을 보는 방법

본문 정보
- 찾아가는 방법
- 주소
- 오픈시간
- 전화번호
- 요금
- 홈페이지

지도
- 관광명소
- 관광 안내소
- 레스토랑
- 카페
- 아이스크림·요거트
- 숍·백화점
- 박물관·미술관
- 화장실
- 계단
- 기차역
- 버스 정류장
- U-Bahn 정류장
- 선착장
- 케이블카
- 주차장
- 산악열차
- 푸니쿨라 승강장
- 온천

AUSTRIA AREA
오스트리아 지역별 정보

빈 WIEN 088	할슈타트 197
왕궁주변 099	SPECIAL ｜ 다흐슈타인 205
빈 국립 오페라극장 주변 115	
성 슈테판 대성당 주변 129	**인스브루크 INNSBRUCK** 209
시청 주변 140	SPECIAL ｜ 노르트케테 219
빈 외곽 146	SPECIAL ｜ 스와로브스키 크리스털벨튼 222
잘츠부르크 SALZBURG 157	**그라츠 GRAZ** 226
SPECIAL ｜ 〈사운드 오브 뮤직〉 투어 169	
	린츠 LINZ 233
잘츠카머구트 SALZKAMMERGUT 176	
잘크트길겐 178	**클라켄푸르트 KLAGENFURT** 238
장크트볼프강 183	SPECIAL ｜ 피라미덴코겔 타워 243
바트이슐 190	

TRAVEL INFO
오스트리아 여행 정보

한 눈에 보는 오스트리아 기본 정보 244	알아두면 유용한 오스트리아 실용 정보 245

오스트리아 추천 여행 일정

빈 + 잘츠부르크 + 잘츠카머구트 4박 5일

DAY 1

- **시민 정원** — 1,800년대 귀족들의 사교의 장
- **성 슈테판 대성당** — 빈 시민들의 신앙적 안식처
- **왕궁** — 합스부르크 왕가의 보금자리
- **알베르티나 미술관** — 1400년대부터 수집한 왕가의 미술품 전시
- **빈 국립 오페라극장** — 세계 3대 오페라 하우스
- **그라벤 거리** — 빈 최대 규모의 번화가

DAY 2

- **쇤브룬 궁전** — 합스부르크 왕가의 여름 별궁
- **레오폴드 미술관** — 에곤 실레와 클림트를 만나다
- **나슈마르크트** — 16세기부터 시작된 빈 최대 규모의 전통시장
- **벨베데레 궁전** — 화려함의 극치를 보여주는 바로크 시대의 유산
- **쿤스트 하우스 빈** — 20세기 최고의 건축가 훈데르트바서가 설립한 박물관
- **프라터 공원** — '비포 선라이즈'의 제시와 셀린느처럼

DAY 3

- **미술사 박물관** — 합스부르크 왕실의 수집품 관람
- **자연사 박물관** — 2만5천 년 전으로의 시간 여행
- **빈 대학** — 독일어권 대학 중 가장 오랜 역사를 자랑하는
- **그린칭** — 호이리게를 맛보는 선술집 거리

DAY 4

- **잘츠부르크** — 영화 '사운드 오브 뮤직'의 무대
- **미라벨 정원** — 영화 속 '도레미송'을 흥얼거리며
- **모차르트의 집** — 모차르트 가족의 역사를 한 눈에
- **레지덴트 광장** — 잘츠부르크 여행의 구심점
- **모차르트 생가** — 1756년 모차르트가 태어나 17세까지 살았던 곳
- **잘츠부르크 대성당** — 모차르트가 세례를 받고 오르간 연주자로 봉직한 곳

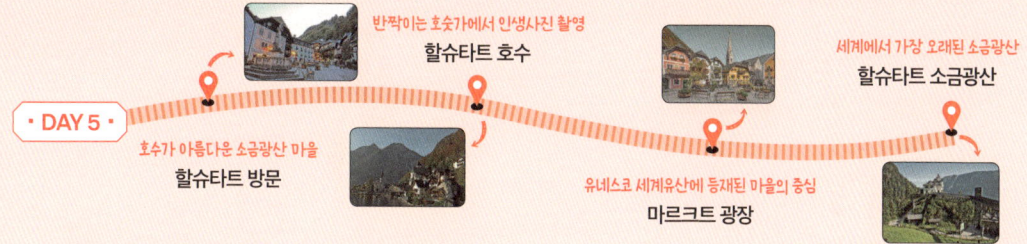

빈 + 잘츠부르크 + 잘츠카머구트 + 인스부르크 5박 6일

DAY 5
- 반짝이는 호숫가에서 인생사진 촬영 **할슈타트 호수**
- 세계에서 가장 오래된 소금광산 **할슈타트 소금광산**
- 호수가 아름다운 소금광산 마을 **할슈타트 방문**
- 유네스코 세계유산에 등재된 마을의 중심 **마르크트 광장**

DAY 1
- 합스부르크 왕가의 숨결이 살아있는 **왕궁** 
- 로마네스크와 고딕 양식의 결정체 **성 슈테판 대성당** 
- 저렴한 가격으로 즐기는 세계 최고 수준의 오페라 **빈 국립 오페라극장** 
- 에곤 실레와 클림트의 팬이라면 이곳부터 **레오폴트 미술관** 
- 출출함을 달래기 위한 최선의 선택 **나슈마르크트**

DAY 2
- 화려함으로 중무장한 1,441개의 방 **쇤브룬 궁전** 
- 클림트의 키스를 만나는 곳 **벨베데레 궁전** 
- 고대 로마시대부터 18세기까지 다양한 작품을 만나는 **미술사 박물관**  
- 캠퍼스가 아름다운 700년 역사의 대학 **빈 대학**
- 포도향 가득한 와이너리 마을 **그린칭**

DAY 3
- 모차르트의 고향 **잘츠부르크 이동**
- 이름조차 '아름다운 전경'이라는 뜻인 **미라벨 정원**
- 19세기 소금 운반 통로 **잘자흐 강**
- 1773년부터 1780년까지 모차르트가 살았던 집 **모차르트의 집**
- 실을 매달아 조작하는 인형극 **마리오네트 극장**

AUSTRIA HIGHLIGHT

누구나 아름다움을 만끽할 권리,
오스트리아의 고성과 궁전을 찾아서

외국인이 우리나라 고궁에 열광하듯 우리나라 여행객 역시 유럽의 고성에 대한 로망을 갖고 있다. 중세 시대의 면모를 그대로 품고 있는 성과 궁전으로의 여행은 재미, 감동뿐만 아니라 오스트리아 문화를 이해하는 데 도움을 준다. 수백 년간 한자리를 지켜온 고성이나 궁전을 방문해 역사의 한 켠으로 들어가보자. 성벽과 궁전 벽 하나를 사이에 두고 시간은 그대로 멈춰 서 있다.

Burg Hochosterwitz
호흐오스터비츠 성

오스트리아 남쪽 케른텐주에 있는 성으로 약 175m 높이에 있어 공중에 떠 있는 것처럼 보인다. 1570년에 짓기 시작해 16년 동안 건축되었으며 성안에는 중세 시대 유물과 그림, 무기, 갑옷 등을 전시하고 있다. 성까지 가려면 구불구불한 길을 따라 자그마치 14개 성문을 통과해야 할 정도로 철통 방어를 하고 있어서인지 한 번도 파괴되거나 정복된 적이 없다고 한다. 성까지 걸어가는 게 부담스럽다면 엘리베이터를 이용해도 되는데 천천히 성문 하나하나를 통과하면서 올라가는 것을 추천한다.

- 그라츠에서 차로 약 2시간
- Burggarten 1, 1010 Wien
- 4~5월 & 09/02~11/01 10:00-17:00(마지막 입장 15:30), 06/01~09/01 09:00-18:00(마지막 입장 16:30)
- 성인 €18, 6~15세 €11, 엘리베이터 €28(6세 이하 무료)
- www.burg-hochosterwitz.com

Schloss Ort
오르트 성

그문덴에 있는 오르트 성은 트라운 호수 위에 작은 섬처럼 떠 있다. 123m 길이의 나무다리가 오르트 성에 닿을 수 있는 유일한 길이다. 1996년부터 2004년까지 방영된 TV 시리즈 〈오르트 성 호텔Schlosshotel Orth〉이 인기를 끌며 더 많이 알려졌다. 17세기에 대화재로 소실되었다가 다시 지어진 성은 지금까지 그 모습을 간직하고 있다. 1995년에 그문덴 시가 소유하면서 현재는 이벤트, 결혼식, 회의, 각종 행사 장소로 사용된다. 호수 위에 있어 신비롭고 로맨틱한 반면 홍수가 날 때마다 잠긴다는 안타까움도 있는데 그 흔적은 성벽에 연도와 함께 표시되어 있다.

- 그문덴 프란츠 요제프 광장Franz-Josef-Platz에서 513번 버스를 타고 그문덴 프란츠 라이젠비클러-슈트라세Gmunden Franz Reisenbichler-Straße 정류장에 하차해 도보 6분 / 505번 버스를 타고 그문덴 토스카나 파크Gmunden Toscana Park에 하차해 도보 7분
- 부활절~10월 10:30-16:00(부활절은 해마다 날짜 변동)
- 성인 €5, 어린이 무료
- schlossort.gmunden.at

Burg Riegersburg
리거스부르크 성

오스트리아 남부 슈타이어마르크주에 있는 성으로 봄부터 가을까지만 방문객을 받는다. 문헌에 등장한 것은 12세기로 성의 건축 연도는 정확히 알 수 없다. 482m 높이의 화산암 위에 지어졌으며 걸어 올라가거나 푸니쿨라처럼 생긴 엘리베이터를 이용하면 된다. 3개 박물관에서는 상시 전시회가 열리며 매나 독수리를 훈련시켜 사냥 스킬을 보여주는 팔콘리 Falconry 쇼는 가족 여행객에게 큰 호응을 얻고 있다. 대중교통으로 가기에는 힘들며 자동차 여행을 한다면 고려해보자. 리거스부르크 성에서 차로 7~10분 거리에 있는 조터Zotter 초콜릿 공장과 함께 둘러봐도 좋다.

- 그라츠에서 차로 약 1시간
- 4월, 10월 매일 10:00-17:00
  5~9월 매일 09:00-18:00, 1~3월 휴관
- € 성인 €23.4(팔콘리 포함 €35.4), 6~15세 €13.9(팔콘리 포함 €19.9)
- www.dieriegersburg.at

Schloss Esterházy
에스테르하지 궁전

빈에서 차로 약 1시간 거리에 있는 아이젠슈타트Eisenstadt는 평화로운 바로크풍 도시다. 에스테르하지 궁전은 헝가리의 왕족 가문인 에스테르하지가의 궁으로 아이젠슈타트를 대표하는 건축물이다. 오스트리아에서 가장 아름다운 바로크양식의 궁전 중 하나로 꼽히며 후에 고전주의 양식으로 복원되었다. 에스테르하지 가문에 종속되어 약 30년간 아이젠슈타트에서 '음악 하인'으로 살았던 요제프 하이든도 빼놓을 수 없다. 하이든의 이름을 딴 콘서트홀, 하이든잘Haydnsaal은 궁전의 하이라이트다. 티켓 종류가 다양하니 자세한 사항은 홈페이지를 참고하자.

- 빈 중앙역Wien Hbf에서 200번 버스를 타고 아이젠슈타트 에스테르하지슈트라세Eisenstadt Esterházystraße 정류장에 하차해 도보 2분(버스는 약 1시간 15분 소요)
- 1~3월, 11월 4일~12월 금~일요일, 공휴일 10:00-17:00, 4월, 10~11월 3일 매일 10:00-17:00, 5~9월 매일 10:00-18:00, 12/25~12/26 휴관
- € 궁전 입장권 €19, 가이드 투어 포함 궁전 입장권 €22
- esterhazy.at

Schloss Hof
호프 궁전

빈에서 멀지 않은 곳에 자리하고 있는 호프 궁전은 오이겐 공의 사냥 별장이었다가 마리아 테레지아 Maria Theresia 여왕이 황실 거처로 사용한 곳이다. 궁전 안에는 황실 아파트먼트, 채플, 연회 홀 등이 있어 오이겐 공과 황실의 생활상을 엿볼 수 있다. 경사면을 따라 있는 바로크풍 정원은 분수와 어우러져 아름다움을 뽐낸다. 70헥타르에 달하는 드넓은 부지에 지어졌기 때문에 궁과 정원을 다 둘러보려면 최소 3시간 이상은 소요되니 시간을 넉넉히 두고 일정을 짜야 한다. 궁에서는 다양한 행사와 축제 및 특별 전시회 등도 열리니 방문 전에 일정을 확인하자.

- 📍 빈 중앙역 Wien Hbf에서 기차로 43~57분 소요되는 마르헤크 Marchegg역에서 하차해 셔틀버스로 이동(자세한 셔틀버스 시간은 홈페이지 참고)
- 🕐 03/09~11/03 매일 10:00-18:00
- € 성인 €23, 6~18세 €13
- ▶ www.schlosshof.at

Schloss Rosenburg
로젠부르크 성

르네상스 양식의 로젠부르크 성은 타임머신을 타고 과거로 돌아간 듯한 분위기를 물씬 풍기는 고성이다. 문헌에 처음 기록된 것은 1175년으로 중세 시대를 배경으로 한 여러 영화에 등장하기도 했다. 장미가 피는 계절이면 성은 더욱 로맨틱하게 변신한다. 4개 테마로 꾸며진 정원은 산책하기에 좋으며 1987년부터 지금까지 이어져온 팔콘리 시연은 현지인의 인기를 꾸준히 얻고 있다. 크리스마스 마켓이 열리는 기간(11월 중순 이후~1월 초)에도 방문객이 많다. 단, 대중교통으로는 갈 수 없으니 참고하자.

- 빈에서 차로 약 1시간 30분
- 4~5월, 9~10월 금~일요일, 공휴일 09:30-17:00, 6~8월 수~월요일 09:30-17:00
- 성인 €17, 6~15세 €10(이 외 다양한 티켓 정보는 홈페이지 참고)
- www.rosenburg.at

엘리자베트 황후가 사랑한 작은 마을,
첼암제 Zell am See

잘자흐 Salzach 강 인근에 있는 알프스의 작은 마을이다. '호숫가의 첼'이라는 뜻의 이름 그대로 보석처럼 반짝이는 첼 호수 Zeller See가 마을의 상징이다. 소박하고 조용한 마을이지만 알프스를 품은 만큼 국립공원과 호수, 산으로 둘러싸여 대자연의 정취에 흠뻑 빠져들 수 있다. 무엇보다 엘리자베트 Elisabeth 황후가 사랑했던 휴양지로 유명한데 그녀의 이름을 딴 엘리자베트 공원이 있을 정도다. 아직 관광객에게 널리 알려지지 않아 비교적 한적한 휴양이 가능하다는 점에서 나만의 특별한 여행지를 찾는 사람들에게 추천할 만하다.

잘츠부르크에서 기차로 1시간 30분 거리라 잘츠부르크 여행 중 당일 여행으로 다녀오는 경우가 많다. 그러나 주요 관광지가 외곽에 있기 때문에 가능하면 1박 정도 머물며 여유 있게 돌아볼 것을 추천한다. 첼암제와 카프룬 지역에서 여름에 숙박을 하면 호텔에서 첼암제-카프룬 서머 카드 Zell am See-Kaprun Summer Card를 무료로 발급받을 수 있다. 주요 케이블카와 관광지 이용 시 본 카드로 무료 탑승 및 입장이 가능하다는 점 참고하자(www.zellamsee-kaprun.com/en/experience/summer-card).

Zeller See
첼 호수

유럽에서 가장 깨끗한 호수로 알려진 만큼 바닥이 보일 정도로 물이 맑다. 날이 맑을 때면 저 멀리 빙하로 덮인 키츠슈타인호른 Kitzsteinhorn 산이 호수에 거울처럼 비춰 장관을 이룬다. 각종 수상 스포츠를 즐길 수 있는데 황후 엘리자베트의 이름을 딴 '엘리자베트 클래식 보트 투어'가 특히 인기다. 매해 여름에는 매직 레이크 쇼 Magic Lake Show가 약 20분간 펼쳐지는데 물과 조명, 음악이 한데 어우러져 꽤나 흥미로운 볼거리를 선사한다.

📍 첼암제 Zell am see 기차역에서 도보 1분

Schmittenhöhe
슈미텐회에 산

첼암제 마을 뒤편에 있는 해발 3000m의 산으로 포르쉐가 디자인한 케이블카를 타고 올라간다. 오스트리아의 숱한 산 중에서 슈미텐회에가 유명한 이유는 황제 프란츠 요제프 Francis Joseph 1세와 황후 엘리자베트가 하이킹을 즐겼던 산이기 때문. 그들이 다니던 코스를 그대로 따라 한 트레일 코스가 있을 정도다. 황제가 하룻밤 묵었던 베르크호텔 슈미텐회헤 Berghotel Schmittenhöhe가 아직도 운영 중이며 호텔 맞은편에는 황후의 방문을 기념해 세워진 엘리자베트 예배당 Sisi Chapel도 있다.

📍 첼암제 Zell am see 역에서 71번 버스 탑승 후 첼암제 슈미텐회에반 탈슈타치온 Zell am See Schmittenhöhebahn Talstation 정류장 하차, 슈미텐회에반 Schmittenhöhebahn 역에서 케이블카 탑승

Top of Salzburg
톱 오브 잘츠부르크

해발 3029m의 키츠슈타인호른Kitzsteinhorn 산에 있는 전망대다. 케이블카를 두 번 갈아타고 오를 수 있으며 최정상까지 약 45분이 소요된다. 만년설로 덮인 산으로 둘러싸인 전망대에서는 1년 내내 고지대의 자연과 빙하 풍경을 누릴 수 있다. 8m 크기의 스크린으로 키츠슈타인호른을 만나는 '시네마 3000Cinema 3000', 알프스산맥의 역사를 한눈에 보여주는 암벽 터널 내셔널 파크 갤러리National Park Gallery 등 흥미진진한 볼거리가 가득하다.

- 📍 첼암제Zell am see 역에서 660번 버스 탑승 후 카프룬 키츠슈타인호른 베르크반Kaprun Kitzsteinhorn Bergbahn 정류장 하차, 파노라마반Panoramabahn역에서 케이블카 탑승
- 🕐 매일 09:00-16:00, 케이블카 08:30-16:45(계절, 날씨 등에 따라 달라짐)
- € 성인 €57.5, 6~15세 €28.5

쉽게 곁을 내주지 않는 오스트리아 최고봉, 그로스글로크너Grossglockner 드라이빙

호락호락하지 않다. 3798m의 그로스글로크너는 1년 중 6개월만 그 곁을 허락한다. 수많은 알프스 봉과 그로스글로크너가 어우러져 만들어내는 파노라마 풍경은 그야말로 비현실적이다. 이러한 풍경을 보기 위해 매년 수많은 사람들이 48km에 이르는 그로스글로크너 하이 알파인 로드Grossglockner High Alpine Road를 달린다. 이 도로는 세상에서 가장 아름다운 길로 꼽히며 롤러코스터를 지면에 옮긴 듯한 구불구불한 도로는 모험심 강한 드라이버의 질주 본능을 자극한다. 높이 올라갈수록 낭떠러지를 타고 이어지는 아찔한 도로는 때로 구름이 시야를 가려 짜릿함을 더한다. 그로스글로크너 하이 알파인 로드에서 고도가 가장 높은 에델바이스슈피체Edelweissspitze를 지나 약 20km를 더 가면 카이저-프란츠-요제프스-회에Kaiser-Franz-Josefs-Höhe에서 종착을 맞는다. 이곳에는 방문자 센터, 전시장, 레스토랑, 스와로브스키가 유리와 나무로 만든 전망대, 하이킹 트레일, 푸니쿨라 등의 시설이 마련되어 있다. 예전에는 푸니쿨라를 타고 내려가면 알프스에서 가장 큰 파스테르체Pasterze 빙하가 바로 보였지만 지금은 지구온난화로 50분은 걸어가야 빙하가 펼쳐진다.

그로스글로크너 하이 알파인 로드 운영 기간

보통 5월 초에서 11월 초까지 열린다. 해마다 날짜가 달라지니 홈페이지에서 확인하자. 여름 시즌(6~8월)은 21:00, 나머지 기간에는 19:30분이나 20:00까지 오픈한다.

▶ www.grossglockner.at

그로스글로크너 하이 알파인 로드 통행료

통행료는 승용차, 오토바이, 트럭, 버스에 따라 다르며 승용차, 오토바이는 다시 종류 및 이용 기간에 따라 요금이 나뉜다. 아래는 대표적인 일부 통행료만 넣은 것이니 좀 더 자세한 사항은 홈페이지 www.grossglockner.at/gg/en/pricesandopeninghours 참고하자.

구분 / 요금(€)	승용차	오토바이
일반 승용차 1일권	€43	€33
전기차 1일권	€35.5	€28
왕복 통행권*	€51.5	€42

* 하루에 한 번 운영하는 글로크너 버스(성인 €48, 4~15세 €28.5)를 이용해 일일 투어(09:00~18:00)로 다녀올 수 있다. 힌터글램 Hinterglemm에서 출발해 첼암제 Zell am See, 푸쉬 Fusch 등을 거쳐 그로스글로크너 하이 알파인 로드로 향한다.

〈007 스펙터〉 속 바로 그곳, 아이스 큐 Ice Q

007 시리즈의 24번째 작품 〈007 스펙터Spectre〉의 하이라이트는 제임스 본드와 악당들이 설원에서 추격전을 벌이는 장면이다. 오스트리아 죌덴Sölden에 있는 스키장으로 전 세계 스키 여행객에게는 성지와도 같은 곳이다. 그리고 본드걸로 분한 레아 세이두Lea Seydoux가 근무하던 호플러 병원으로 등장한 곳, 바로 죌덴의 아이스 큐Ice Q 레스토랑이다. 해발 3048m의 가이슬라흐코글Gaislachkogl 산 정상에 있는 식당으로 〈007 스펙터〉 이후 찾는 사람이 늘어 죌덴의 인기 여행 코스가 되었다. 만년설의 알프스가 사방으로 펼쳐진 전망뿐 아니라 제철 재료를 사용해 만드는 신선한 요리로 호평받는다. 레스토랑 바로 옆에 007 박물관인 007 엘리먼츠007 Elements도 있어 시리즈의 팬이라면 놓칠 수 없는 곳이다.

Ice Q

007 Elements

007 Elements

007 Elements

클래식 선율에 물드는
오스트리아 여행

음악이 없는 오스트리아 여행은 상상할 수 없다. 그렇다고 클래식 음악에 대해 부담을 느낄 필요는 전혀 없다. 음악 애호가든 일반 여행자든 자기만의 방식대로 즐기면 그만이다. 도시 곳곳에 스며 있는 음악은 공연장, 카페, 길거리 악사를 통해 자연스레 흘러 다닌다. 그 누구도 꼭 들어야 한다고 강요하지 않는다. 여기서는 오스트리아 출신, 그리고 빈에서 활동하고 빈에 잠든 독일 출신의 대표 음악가를 간단히 소개한다.

Franz Joseph Haydn
🇦🇹 프란츠 요제프 하이든 | 1732~1809

고전음악의 대가. '교향곡의 아버지'라 불리지만 교향곡뿐만 아니라 현악4중주곡, 오페라 등을 포함해 다양한 장르의 수많은 곡을 작곡했다. 에스테르하지 궁전에서 30년간 궁정음악가로 지냈지만 이때는 '음악 하인'과 다를 바 없었다. 힘든 시기의 보상은 말년에 찾아왔는데 음악으로 인정받고 부유해지면서 사회적으로도 명성을 쌓았다. 베토벤과는 애증의 사제지간이었지만 마지막 순간에는 화해하며 베토벤도 하이든을 스승으로 인정했다. 교향곡 제94번 G장조 '놀람', 현악4중주 제53번 D장조 '종달새' Op.64-5, 오라토리오 '천지창조' 등이 대표 곡이다.

Wolfgang Amadeus Mozart
🇦🇹 볼프강 아마데우스 모차르트 | 1756~1791

오스트리아의 대표 음악가. 여섯 살 때부터 아버지를 따라 유럽 전역을 다니며 연주했던 모차르트는 당시 유럽에서 유행한 대부분의 음악 장르를 접할 수 있었다. 그래서인지 세계적으로 공감받는 보편적인 음악을 추구했으며 평생 600여 곡이 넘는 작품을 썼다. 곡 뒤에 붙는 쾨헬 번호는 루트비히 폰 쾨헬 Ludwig von Köchel이 연대순으로 정리한 작품 번호다. 모차르트의 3대 오페라인 〈마술 피리〉, 〈피가로의 결혼〉, 〈돈 조반니〉를 비롯해 레퀴엠 D단조 K.626, 교향곡 40번 G단조 K.550, 작은별 주제에 의한 12개의 변주곡 K.265 등 우리 귀에 익은 수많은 음악을 남겼다.

Franz Peter Schubert
🇦🇹 프란츠 페터 슈베르트 | 1797~1828

낭만 가곡의 기틀을 세운 음악가. 슈베르트는 '가곡의 왕'이라 불리지만 16세에 이미 〈교향곡 1번〉을 썼다. 실내악곡, 오페라, 기악곡 등 모든 장르의 음악을 다뤘으며 11세에 빈 소년 합창단의 효시인 궁정 예배당 소년 합창단에 입단했고 31세 나이로 요절하기 전까지 약 1000개의 작품을 남겼다. 빈 중심에서 약 2km 떨어진 슈베르트의 생가에는 그가 잘 때도 꼈던 안경, 기타, 피아노, 악보, 초상화 등이 전시되어 있다. 베토벤을 존경했던 슈베르트는 중앙 묘지에 있는 베토벤 묘 근처에 잠들어 있다. 교향곡 8번 B단조 '미완성' D.759, 가곡집 《겨울 나그네》, 《백조의 노래》, 가곡 '송어', '마왕' 등이 대표작이다.

Anton Bruckner
🇦🇹 안톤 브루크너 | 1824~1896

관현악의 대가. 후기 낭만주의 작곡가를 대표하는 음악가로 만 6세에 시골 학교 교장이었던 아버지를 따라 입학해 음악 교육을 받았다. 그는 어린 시절부터 오르간을 배웠는데 하루에 12시간씩 연습했다고 한다. 33세에 지금의 린츠 구성당인 린츠 주교좌 대성당의 오르가니스트로 활약하면서 지위를 탄탄히 굳혔다. 현실에 안주하지 않고 교향곡 작곡가가 되기 위해 끊임없이 노력한 결과 마침내 '교향곡 7번'으로 명성을 얻고 말년에는 프란츠 요제프 황제에게 훈장까지 수여받는다. 종교적 색채가 짙은 작품을 많이 남겼으며 교향곡 제4번 Eb 장조 '로맨틱'이 가장 대표적인 작품이다.

Johann Strauss II
🇦🇹 요한 슈트라우스 2세 | 1825~1899

왈츠의 황제. 어려서부터 바이올린에 남다른 재능을 보였던 요한 슈트라우스 2세는 아버지와 사이가 좋지 않았다. 무도회 음악가였던 아버지, 요한 슈트라우스 1세는 아들이 음악의 길을 걷는 것을 마지막 순간까지 반대했으나 그의 열정을 꺾지 못했다. 아버지가 세상을 떠난 뒤 슈트라우스 2세는 아버지의 악단을 통합해 활동하면서 유럽 대륙을 넘어 러시아까지 명성을 날렸다. 가장 잘 알려진 곡은 영화 〈타이타닉〉에도 나왔던 '아름답고 푸른 도나우'로 오스트리아 제2의 국가로 사랑받고 있다. 대표작으로는 '아침 신문' Op.279, '빈 숲속의 이야기' Op.325, 오페레타 '박쥐' Op.56, 폴카 '트리치 트라치' Op.214 등이 있다.

Gustav Mahler
🇦🇹 구스타프 말러 | 1860~1911

낭만파 교향곡 작곡가. 어릴 적부터 탁월한 음악 재능을 보였던 그는 15세 나이에 빈 음악원에 입학하면서 실력이 향상되었고 빈에 머물던 시절은 그의 작품 세계에 큰 영향을 미쳤다. 안톤 브루크너의 강의를 듣고 리하르트 바그너의 음악을 들으며 풍요로운 시간을 보냈다. 생전에는 지휘자로서 명성을 얻었고, 1960년 이후 명지휘자 레너드 번스타인에 의해 말러의 교향곡은 주목을 받았다. 교향곡 2번 C단조 '부활', 교향곡 '대지의 노래', 가곡집 《방랑하는 젊은이의 노래》 등이 대표적이다.

Ludwig van Beethoven
🇩🇪 루트비히 판 베토벤 | 1770~1827

Johannes Brahms
🇩🇪 요하네스 브람스 | 1833~1897

음악의 성인, '악성'. 베토벤은 불우한 유년 시절을 보냈다. 아버지는 아들을 모차르트를 능가하는 천재로 보이기 위해 나이까지 속이고 가혹한 음악 교육을 시켰다. 베토벤은 17세에 빈으로 여행을 떠났는데 이때 처음이자 마지막으로 모차르트를, 아버지가 세상을 떠난 22세에 하이든을 만났다. 청력을 잃은 뒤에도 8개의 교향곡을 작곡했고 100여 곡의 협주곡, 오페라, 독주곡 등을 써내는 괴력을 보여주었다. 독일에서 태어났으나 빈에서 35년을 살았으며 장례식은 성 슈테판 대성당에서 치러졌다.

고전 형식에 낭만주의의 꽃을 피운 작곡가. 독일 함부르크에서 태어난 브람스는 음악가였던 아버지의 영향으로 자연스레 음악을 접하게 되었고 10세에 공개 연주회를 할 정도로 뛰어난 기량을 보였다. 은인인 슈만을 통해 주목받게 되면서 20대 후반에 빈에 자리를 잡으며 '베토벤의 계승자'라는 명칭을 얻었다. 인생 후반기에는 교향곡 마무리 작업에만 골몰했으며 1876년에 '교향곡 1번'을 완성했다. '교향곡 1번'은 베토벤의 9개 교향곡 뒤를 잇는 명곡이라는 극찬을 받았다.

모차르트의 흔적을 찾아볼 수 있는 대표적인 장소를 추렸으며 잘츠부르크와 장크트 길겐에 있는 모차르트 광장은 넣지 않았으니 참고하자.

모차르트	잘츠부르크	모차르트 생가 Mozart Geburtshaus 🏠 Getreidegasse 9, 5020 Salzburg	모차르트의 집 Mozart Wohnhaus 🏠 Makartplatz 8, 5020 Salzburg
	빈	모차르트 보눙 Mozart Wohnung 🏠 Domgasse 5, 1010 Wien	

베토벤, 슈베르트, 하이든, 슈트라우스와 관련된 기념관의 자세한 사항은 빈뮤지엄 사이트(www.wienmuseum.at)에서 찾아볼 수 있다. 대부분 월요일과 공휴일은 휴무다.

베토벤	베토벤 박물관 Beethoven Museum 🏠 Probusgasse 6, 1190 Wien	베토벤 파스콸라티하우스 Beethoven Pasqualatihaus 🏠 Mölker Bastei 8, 1010 Wien
슈베르트	슈베르트 생가 Schubert Geburtshaus 🏠 Nußdorfer Straße 54, 1090 Wien	슈베르트의 집 Schubert Sterbewohnung 🏠 Kettenbrückengasse 6, 1040 Wien
하이든	하이든하우스 Haydnhaus 🏠 Haydngasse 19, 1060 Wien	
슈트라우스	요한 슈트라우스 보눙 Johann Strauss Wohnung 🏠 Praterstraße 54, 1020 Wien	

19세기 말, 빈을 달궜던 오스트리아 화가 3인

'빈 모더니즘'이 탄생한 1900년대 전후는 빈의 역사에서 중요한 시기다. 예술에서도 기존의 관습에 도전하는 새로운 움직임이 등장하는데 바로 구스타프 클림트가 주축이 된 분리파다. '시대에는 그 시대의 예술을, 예술에는 자유를'이란 모토를 내세워 활동한 예술가들의 흔적은 빈 곳곳에 남아 있다. 지면이나 매체를 통해 봤던 작품을 눈으로 직접 보며 원화의 참맛이 주는 감동을 느껴보자.

Gustav Klimt
구스타프 클림트 | 1862~1918

오스트리아를 대표하는 화가로 아르누보Art Nouveau 계열의 장식적인 양식을 선호하며 전통적인 미술에 대항해 '분리파'를 결성한 인물. 금세공사인 아버지의 영향을 받아 금을 능숙하게 다룰 줄 알았으며 여기에 장식적 모티프와 금빛 색채를 더해 자기만의 독창성을 추구한 것이다. 관능적인 여성 이미지와 찬란한 황금빛, 화려한 색채가 특징이고 성과 사랑, 죽음에 대한 작품으로 많은 사람들을 매혹시켰다. 주요 작품으로는 '키스The Kiss', '베토벤 프리즈Beethoven Frieze', '아델레 블로흐-바우어의 초상 I Portrait of Adele Bloch-Bauer I', '유디트 I Judith I', '아담과 이브Adam and Eve' 등이 있다.

〈키스〉 | 1908~1909 | 벨베데레 상궁

전 세계를 사로잡은 '키스'는 클림트가 금박 기법을 사용한 '황금 시기'의 작품 중 걸작으로 꼽힌다. 그림 속 여자는 평생의 연인으로 알려진 에밀리에 플뢰게Emilie Flöge라는 설과 중요한 모델이었던 아델레 블로흐-바우어Adele Bloch-Bauer라는 주장이 있으나 누구인지 정확히 밝혀진 바는 없다.

'유디트 I' 1901 | 벨베데레 궁전

'죽음과 삶' 1910~1915 | 레오폴트 미술관

'해바라기가 있는 정원' 1907 | 벨베데레 궁전

'아담과 이브' 1916~1917 | 벨베데레 궁전

Egon Schiele
에곤 실레 | 1890~1918

꾸밈없는 솔직한 표현주의 화가. 28세에 운명을 달리한 에곤 실레는 죽음의 공포, 성적 본능, 자전적 체험 등을 직설적이고 노골적으로 그려냈다. 프로이트의 이론과 구스타프 클림트, 오스카어 코코슈카, 반 고흐, 뭉크 등의 영향을 받았으며 장식은 배제하고 압축된 감정을 자기만의 방식으로 나타냈다. 애칭으로 '발리'라 불리던 발레리 노이질 Valerie Neuzil을 만나면서 사회적으로 금기시되는 모든 것을 화폭에 담아냈고 20대 중반부터는 '절제미'를 입히며 새로운 스타일로 그리기 시작했다. 발리를 떠나 에디트 하름스 Edith Harms와 결혼한 실레는 약 5000만 명의 목숨을 앗아간 스페인 독감으로 결국 아내와 뱃속의 아이를 잃고 3일 뒤 본인도 허무하게 스러졌다. 실레의 작품은 레오폴트 미술관, 벨베데레 상궁 등에서 만날 수 있다.

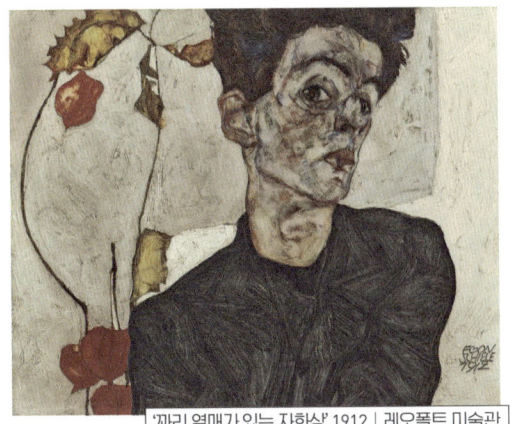

'꽈리 열매가 있는 자화상' 1912 | 레오폴트 미술관

'발리의 초상' 1912 | 레오폴트 미술관

'죽음과 소녀' 1915 | 벨베데레 상궁

'포옹' 1917 | 벨베데레 상궁

Oskar Kokoschka
오스카어 코코슈카 | 1886~1980

인간의 심리를 꿰뚫어본 표현주의 화가. 오스카어 코코슈카는 화가뿐만 아니라 시인, 극작가로도 활동했다. 클림트가 이끌었던 분리파 운동의 영향을 받았으며 세기말 빈의 벨 에포크 시대를 클림트, 실레와 같이 이끈 인물이다. 초기 대표작인 '바람의 신부Bride of the Wind'는 당대에 팜 파탈이자 많은 예술가의 뮤즈였던 알마 마리아 쉰들러와의 열애를 그린 작품으로 스위스 바젤 미술관에 있다. 나치와 히틀러의 증오 대상이었던 코코슈카는 오랜 망명 생활을 했고 중반 이후에는 초상화 외에도 도시 전경, 나치주의에 항거하는 이념을 담은 포스터 등을 그렸다. 80세쯤 돼서야 고국의 국적을 회복한 코코슈카는 스위스 몽트뢰에서 94세를 일기로 생을 마감했다.

'한 손을 얼굴에 대고 있는 자화상'
1918~1919 | 레오폴트 미술관

'칼 몰의 초상' 1913 | 벨베데레 상궁

'트레 크로치 - 돌로미티 풍경' 1913 | 레오폴트 미술관

> **TIP** 알마 마리아 말러 그로피우스 베르펠, 그녀는 누구인가?
>
> 미술, 음악에 대한 뛰어난 재능은 물론 지성까지 겸비한 알마 마리아 쉰들러(결혼 전 이름)는 뭇 남성들의 마음을 흔든 '빈의 뮤즈'였다. 사후에는 '4대 예술의 미망인'이라 불리기도 했는데 음악가 구스타프 말러, 건축가 발터 그로피우스, 극작가 프란츠 베르펠과 결혼을, 화가 오스카어 코코슈카와 열애를 했기 때문이다. 그녀를 스쳐 간 인물 중에는 클림트도 있어 혹자는 '키스'의 주인공이 알마라고 주장한다. 평생 끊임없는 스캔들의 주인공으로 살았지만 수많은 예술가의 영감에 촉매 역할을 한 인물임에는 틀림없다.

650년 동안 지켜낸 오스트리아의 왕가, 합스부르크

오스트리아 역사와 불가분의 관계인 합스부르크 왕가. 스위스 아르가우주에 살았던 작은 봉건영주에서 유럽의 지도를 바꾸는 가문이 되기까지 합스부르크에 얽힌 이야기는 길고도 복잡하다. 합스부르크의 650년 역사는 1918년 오스트리아 최후의 황제 카를 1세와 함께 막을 내린다. 여기서는 크게 8개 시대로 나눠 통치 기간과 인물을 간단히 소개했으니 큰 흐름만 짚고 넘어가자.

합스부르크 왕조의 시작
1273~1282

루돌프 1세 Rudolf I
| 재위 1273~1291 |

신성로마제국의 왕위에 오른 최초의 합스부르크 황제

기반 구축의 시대
1283~1477

루돌프 4세 Rudolf IV
| 재위 1358~1365 |

14세기 합스부르크 제국 발전의 토대를 마련한 통치자

1348~1349 유럽 인구 1/3의 목숨을 앗아간 흑사병
1365   빈 대학교 설립

권력 부상의 시대
1478~1526

막시밀리안 1세 Maximilian I
| 재위 1508~1519 |

합스부르크 왕가가 강대국으로 부상하는 토대를 세운 황제

1493~1517 농민반란인 분트슈

합스부르크 제국의 시대
1527~1648

카를 5세 Charles V
| 재위 1519~1556 |

'황금 왕'이란 별칭을 얻은 황제로 스페인을 통치

1618~1648 30년 전쟁

오스트리아의 바로크 시대
1649~1740

레오폴트 1세 Leopold I
| 재위 1658~1705 |

예술을 장려하고 음악에 깊은 관심을 가졌던 황제

1701~1714 스페인 왕위 계승 전쟁

계몽절대주의의 시대
1741-1792

마리아 테레지아 Maria Theresia
| 재위 1740~1780 |

계몽전제군주 대표 인물이자 오스트리아의 위대한 국모

1740~1748 오스트리아 왕위 계승 전쟁
1756~1763 둘로 나뉜 유럽 대국들 간의 7년 전쟁

혁명의 시대
1793~1848

프란츠 2세 Franz II
| 재위 1792~1835 |

반혁명적 보수 정치를 행한 신성로마제국의 마지막 황제

1792~1815 나폴레옹 전쟁
1814~1815 비엔나 회의

분쟁의 시대
1849~1918

프란츠 요제프 1세 Franz Joseph I
| 재위 1848~1916 |

68년이라는 가장 오랜 기간 동안 오스트리아를 통치한 황제

1857   빈 성벽 철거 및 링도로 건설 시작
1914~1918 제1차 세계대전

Christmas Market

오스트리아의 눈부신 겨울 여행, 크리스마스 마켓

눈이 휘둥그레지는 수공예품, 코끝을 자극하는 소시지, 크리스마스 시즌에 즐겨 먹는 도넛, 진저 브레드인 렙쿠헨Lebkuchen과 온기를 불어넣어주는 따뜻한 음료… 크리스마스 마켓에서는 이 모든 게 마치 마법처럼 펼쳐진다. 보통 11월 중순부터 크리스마스 전까지, 길게 하는 곳은 1월 초까지 열린다. 도시별로 해마다 날짜가 조금씩 바뀌니 자세한 사항은 각 관광청 사이트나 해당 홈페이지에서 확인하자.

Wien
빈

빈 시청 앞 광장에서 펼쳐지는 크리스마스 마켓은 겨울의 정취를 포근하게 감싸준다. 겨울 시즌에는 아이스 스케이트장도 열려 활기를 더하며 시청에서는 어린이를 위한 쿠키, 양초 만들기 등 다양한 프로그램을 제공한다. 아기자기한 수공예품을 보면 저절로 지갑을 열게 되니 현금을 꼭 준비하도록 하자. 또한 사람이 붐비는 곳에서는 소매치기도 주의해야 한다.

벨베데레 궁전 Schloss Belvedere

크리스마스 마켓이 열리는 시즌에 빈 관광을 한다면 벨베데레 궁전을 오후 늦게 구경한 뒤 크리스마스 마켓까지 둘러보는 것을 권한다.

▶ www.wien.info

Innsbruck
인스부르크

1년 내내 하얗게 빛나는 알프스 밑에 자리한 인스부르크는 가장 로맨틱한 크리스마스 마켓을 즐길 수 있는 곳 중 하나이다. 인스부르크에 들어서는 여러 마켓 중 구시가의 랜드마크인 황금 지붕 앞에 들어서는 시장의 분위기는 단연 압도적이다. 중세 건물에 둘러싸인 시장에서 맛보는 달콤한 도넛 키아흘 Kiachl과 따뜻한 글루바인 Glühwein도 빼놓을 수 없다.

▶ www.Innsbruck.info

Salzburg
잘츠부르크

잘츠부르크 크리스마스 마켓의 역사는 15세기로 거슬러 올라간다. 당시에는 성당 앞 광장에서 주민들이 물건을 사고 파는 것에 그쳤으며 17세기에 접어들면서 음식, 인형을 비롯해 다양한 제품을 판매하기 시작했다. 현재는 약 100개의 상점이 들어서며 고색창연한 잘츠부르크를 한층 더 분위기 있게 만든다.

▶ www.salzburg.info

Graz
그라츠

그라츠에는 10개가 넘는 크고 작은 크리스마스 마켓이 열린다. 커다란 크리스마스트리와 수많은 불빛으로 따뜻하게 물드는 중앙 광장, 하우프트플라츠Hauptplatz는 그야말로 크리스마스 분위기로 뒤덮여 모두의 마음을 들뜨게 한다. 중세 시대의 건물을 배경으로 한 크리스마스 마켓의 풍경은 그라츠의 겨울밤을 더욱 특별하게 밝혀준다.

▶ www.graztourismus.at

Linz
린츠

린츠의 크리스마스 마켓은 중앙 광장과 중앙 공원인 폭스가르텐Volksgarten에서 열린다. 중앙 광장에서 폭스가르텐까지는 도보 15~20분 소요되며 두 곳 모두 인기 만점이다. 바로크양식의 건축물이 둘러싼 중앙 광장에서 진저 브레드와 따뜻한 음료를 마시며 거닐다 보면 금세 시간이 지나간다. 폭스가르텐은 가족 단위로 많이 찾는 마켓으로 아이들을 위한 놀이기구도 마련되어 있다.

▶ www.christkindlmarkt-linz.at

©Rogner Bad Blumau

느긋하게 즐기는 워터월드, 오스트리아 최고의 스파 리조트

예부터 화산 지대가 많았던 오스트리아는 곳곳에서 온천이 솟고 알프스산맥의 계곡에 들어선 마을에는 폭포와 맑은 계곡물이 흐른다. 이러한 자연을 지혜롭게 잘 가꾼 덕에 스파가 발달했으며 자연을 해치지 않는 범위에서 만든 매력적인 장소가 많다. 청정한 공기를 마시며 따뜻한 물에 몸을 담그고 오롯이 휴식을 누리기에도, 뜨거운 여름에 아드레날린 수치를 높여가며 즐기기에도 좋은 곳으로 떠나보자.

Rogner Bad Blumau
로그너 바트 블루마우

건축 치료사로 불리는 프리덴슈라이히 훈데르트바서Friedensreich Hundertwasser의 세계관이 그대로 반영된 곳으로 작은 예술 마을을 방불케 한다. 부드러운 곡선과 화사한 색으로 옷 입은 건축물은 동화 속 그림이 아닌 현실에 놓여 있다. 황금색 돔이 있는 메인 건물인 슈탐하우스Stammhaus, 오래된 농가의 벽돌을 가져다 지은 지겔하우스Ziegelhaus, 잔디로 덮여 있는 쿤스트하우스Kunsthaus 등은 보는 것만으로도 힐링이 된다. 하룻밤 머물기를 추천하나 여의치 않으면 예약하고 스파만 즐겨도 좋다.

- 바트 블루마우 반호프Bad Blumau Bahnhof역에서 도보 20분 / 빈과 그라츠에서 대중교통으로 2~3시간
- 매일 09:00-23:00
- 성인 1인 1일권 월~금요일 €57, 토~일요일 €66, 야간(17:00-23:00) €44.9
- www.blumau.com

©Aqua Dome

Aqua Dome
아쿠아 돔

외츠탈Ötztal 계곡의 작은 마을 렝겐펠트Längenfeld에 있는 스파 호텔이다. 주변 풍경과 어울릴 것 같지 않은 독특한 건물이지만 의외로 자연과 어우러져 경관을 해치지 않는다. 총 2만 2000m² 부지에 호텔과 12개 풀, 7개 사우나, 4개 레스토랑, 바가 조화를 이룬다. 알프스를 바라보며 즐기는 스파는 계절에 상관없이 큰 만족을 주나 숙박 요금이 만만치 않다. 물론 스파만 이용해도 되니 일정이나 예산에 따라 선택하자. 입장료에 가운과 타월은 불포함이며 시즌에 따라 가격이 달라진다. 또한 1년에 한 번씩 정기적으로 구역별 유지 보수 작업을 진행하며 사우나는 15세 이상부터 이용할 수 있다.

- 📍 랭앤펠트 아브츠바인 아쿠아돔Längenfeld Abzw Aquadome 버스 정류장에서 도보 7분 / 인스부르크에서 대중교통으로 약 1시간 30분
- ⏰ **스파** 09:00-23:00 **사우나** 10:00-22:00 **짐** 08:00-22:00 **트리트먼트** 09:00-19:00
- 💶 겨울 시즌 기준 성인 1인 3시간권 €35~39, 1일권 €46~50, 1일 통합권 €78~82(온천, 사우나, 목욕 가운, 타월 등 포함)
- 🔗 www.aqua-dome.at

©Area 47

Area 47
에어리어 47

오스트리아에서 규모가 가장 큰 야외 어드벤처 파크다. CNN 트래블이 선정한 '세계 12대 워터 파크'에 이름을 올리기도 했다. 봄부터 가을까지 오픈하며 래프팅, 캐니어닝, 클라이밍, 산악자전거, 집라인, 웨이크보드 등을 포함한 야외에서 할 수 있는 각종 액티비티를 경험할 수 있다. 특히 빠른 속도를 자랑하는 워디 슬라이드와 아찔한 높이의 다이빙대는 용감한 도전자에게 최고의 스릴을 선사한다.

- 외츠탈 중앙역 Ötztal Bahnhof에서 차로 10분 / 인스부르크에서 차로 40~50분
- 4월 말~10월 초(해마다 변동)
- Water Area 기준 성인 1인 1일권 €31, 6~15세 €21
- area47.at

TIP **외츠탈 게스트 카드** Ötztal Guest Card

외츠탈 지역에 있는 320개가 넘는 파트너십 숙소에 머물 경우 제공하는 카드로 교통을 포함한 여러 가지 혜택이 있다. 다양한 액티비티에서 10% 가격 할인을 받을 수 있고 무료 프로그램에 참여할 수 있다. 자세한 사항은 홈페이지 www.oetztal.com/oetztal-inside/guest-card.html 참고.

Hotel Krallerhof
호텔 크랄레르호프

첼암제 인근의 소도시 레오강Leogang에 들어선 5성급 스파 호텔이다. 5500m²에 달하는 초대형 인공 호수를 끼고 있는데, 인공 호수라고는 하나 최초 물을 채운 이후로는 자연 증발과 강수로 수위가 조절되어 자연 호수에 가까우며 휴양 호텔답게 수영도 가능하다. 호수 전망의 핀란드식 사우나, 여성 전용 허브 사우나 등 12개 사우나 룸을 보유하고 있다. 2018년 러시아 월드컵 당시 우리나라 선수들이 전지훈련 후 휴식을 위해 방문했던 곳이기도 하다.

- 첼암제에서 차로 30분
- 애트모스피어 스파(성인 전용) 매일 09:00-20:00
- 애트모스피어 스파 성인 €120
- www.krallerhof.com

> **TIP 사우나 제대로 즐기기**
> - 과식이나 운동 후 바로 사우나를 하는 것은 좋지 않으니 유의하자.
> - 사우나 후에는 낮은 의자에 약 2~3분 앉아 있다가 일어서는 것이 좋다.
> - 사우나실 안에서는 최대 20분을 넘기지 않도록 하자.
> - 오스트리아 사우나는 독일과 마찬가지로 대부분 남녀 공용이며 옷을 걸치지 않고 이용한다. 수영복을 착용할 수 있는 곳도 있으나 아닌 곳이 더 많다. 방문할 곳이 정해지면 미리 확인하자.

©Hotel Krallerhof

Tauern Spa
타우에른 스파

알프스로 둘러싸인 작은 마을 카프룬에 있는 스파 리조트다. 2만m²에 달하는 방대한 규모를 자랑하며 슬라이드, 인피니트 수영장과 더불어 4종류의 사우나를 보유하고 있다. 이곳의 하이라이트는 바로 야외 수영장. 수영장 전체가 통유리로 되어 있어 마치 공중에 떠 있는 듯 이색적이다. 여유롭게 스파를 누리며 여름에는 녹음이 짙은 알프스를, 겨울에는 태양 빛을 받아 반짝이는 설산을 조망할 수 있다.

- 첼암제에서 차로 15분
- 스파 워터월드 매일 09:00-21:00
- 스파 워터월드 데이 티켓 성인 €38.5, 3~14세 €21.5
- www.tauernspakaprun.com

Hotel Kaiserhof
호텔 카이저호프

해발 940m 높이에 있는 특급 호텔로 18세기의 목가적 풍경을 간직한 엘마우Ellmau 마을을 내려다보며 고품격의 스파를 누릴 수 있다. 옥상에 들어선 18m 길이의 언리미티드 마운틴 풀, 파노라마 실내 수영장과 천연 수영 연못이 들어선 워터월드, 성인 전용 스파 및 2개의 사우나 룸 등 다양한 스파 시설이 알프스의 풍광과 함께한다.

- 첼암제에서 차로 1시간 20분
- 데이 스파 매일 10:30-18:30
- 데이 스파 성인 €98~, 25분 마사지 포함 €138~
- www.kaiserhof-ellmau.at

©Das Edelweiss Salzburg Mountain Resort

Das Edelweiss Salzburg Mountain Resort
다스 에델바이스 잘츠부르크 마운틴 리조트

만년설의 그로스아를Großarl 산맥이 끝나는 지점에 있는 5성급 호텔이다. 1층은 전망 좋은 실내 수영장과 가족 스파, 3층은 성인 전용 스파, 4층은 스포츠 수영장, 6층은 인피니티 수영장 등 층별로 공간을 나눠 고객 맞춤 스파 서비스를 선보인다. 특히 1층에는 짜릿한 워터 슬라이드 시설이 있어 어린이 동반 가족 여행객에게 안성맞춤이다.

- 잘츠부르크에서 차로 1시간 20분
- 다스 에델바이스 마운틴 스파 매일 09:00-19:00(층별로 다름)
- 데이 스파 성인 €125~, 11~15세 어린이 €60~, 4~10세 어린이 €50~
- www.edelweiss-grossarl.com

STAY AUSTRIA

머무름, 그 자체가 여행

샬레트래블이 선사하는 럭셔리 호텔 예약 특전

전 세계 2% 럭셔리 여행 멤버십 VIRTUOSO의 인증 여행사,
세계 최대 호텔 체인 메리어트 그룹이 선택한 최고의 여행사만 가입할 수 있는
'스타즈 & 루미너스' 회원사 등 주요 럭셔리 호텔들의 최상위 파트너인
'샬레트래블 www.chalettravel.kr'을 통해 예약하실 경우, 모든 고객님께 아래 혜택을 드립니다.

· 예약 기본 혜택 ·

1. 매일 2인 조식
2. 호텔 식음료 크레디트 100 USD 상당 제공
3. 룸 업그레이드 우선 권한
4. 얼리 체크인 & 레이트 체크아웃 우선 권한
5. 본보이 포인트 적립 (메리어트 호텔만 해당)

* 호텔별 추가 혜택 및 1박 무료 등의 특별 프로모션 별도 공지

· 주요 호텔 | 자허, 리츠칼튼, 아만, 안다즈, 파크하얏트, 샹그릴라, 포시즌스 등 ·

· 빈 Wien ·

Hotel Sacher Wien Vienna

빈 국립 오페라극장 맞은편에 있는 곳으로 1876년 오픈 이래 여러 유명 인사가 머무른 빈을 대표하는 럭셔리 호텔이다. 샹들리에와 화려한 가구로 장식된 아르누보 양식의 객실이 인상적이며, 카페 자허 Café Sacher에서 판매하는 자허 토르테는 이 호텔에서 빼놓을 수 없는 명물이다.

▶ www.sacher.com/en/vienna

The Ritz-Carlton, Vienna

19세기 궁전을 개조한 럭셔리 호텔로 고급스러우면서도 현대적인 200개의 객실이 있다. 빈에서 가장 큰 규모의 실내 수영장, 피트니스, 스파 등의 부대시설이 있으며, 특히 루프톱 바에서는 아름다운 빈 시내를 조망하며 칵테일을 즐기기에 좋다.

▶ www.ritzcarlton.com/en/hotels/vierz-the-ritz-carlton-vienna

Park Hyatt Vienna

20세기 초 오스트리아-헝가리 제국의 은행으로 사용되었던 100년 된 건물에 자리하고 있는 호텔로 암 호프Am Hof 광장에 위치한다. 호텔 내에 있는 유서 깊은 뱅크 브라세리 앤 바Bank Brasserie & Bar와 카페 암 호프Café Am Hof에서 전통 비엔나 커피와 요리를 맛볼 수 있으며 성 슈테판 광장, 대성당, 케른트너 거리 쇼핑가 등이 도보 5분 거리에 있어 최고의 위치를 자랑한다.

▶ www.hyatt.com/en-us/hotel/austria/park-hyatt-vienna

Palais Coburg Residenz

빈 중심의 유서 깊은 건물을 개조한 호텔로 34개의 각기 다른 인테리어로 디자인된 스위트 객실, 미식 레스토랑, 최고의 와인 셀러, 빈 시내를 조망할 수 있는 고급 스파 시설, 실내 수영장 등이 있다. 마치 화려한 궁에서 머무는 듯한 경험을 할 수 있다.

▶ www.palais-coburg.com

Hotel Imperial, a Luxury Collection Hotel, Vienna

뷔르템베르크 공작 필립의 개인 저택을 호텔로 개조해 1873년 오픈한 빈 최초의 럭셔리 호텔로 곳곳에서 19세기의 귀족적인 분위기를 느낄 수 있다. 샹들리에, 화려한 장식과 예술품으로 로맨틱하게 디자인된 객실에서는 황실 분위기를 만끽할 수 있다. 호텔 오픈부터 지금까지 인기를 누리고 있는 카페 임페리얼, 빈을 대표하는 미식 레스토랑 OPUS가 있다.

▶ www.marriott.com/en-us/hotels/vieil-hotel-imperial-a-luxury-collection-hotel-vienna

Rosewood Vienna

유서 깊은 19세기 건물에 있는 호텔로 엘레강스한 과거와 모던한 현재가 어우러진 100개의 객실이 있다. 빈 구시가지에 위치해 유명 관광지까지 도보로 이동할 수 있으며, 일부 스위트 객실에서는 성 슈테판 대성당의 아름다운 뷰를 즐길 수 있다.

▶ www.rosewoodhotels.com/en/vienna

Anantara Palais Hansen Vienna Hotel

빈을 대표하는 건축가 중 한 명인 테오필 에드바르트 폰 한젠Theophil Edvard von Hansen 남작이 건축한 건물로 네오 르네상스 스타일의 웅장함과 고풍스러움이 돋보인다. 호텔 자체가 도심 속 유산의 일부로 클래식하면서도 모던한 객실이 인상적이다. 미슐랭 레스토랑 에드바드EDVARD를 비롯한 다수의 레스토랑과 바, 럭셔리 스파 등의 부대시설이 있다.

▶ www.anantara.com/en/palais-hansen-vienna

Andaz Vienna Am Belvedere

벨베데레 궁전과 공원이 바로 옆에 있어 녹음이 우거진 아름다운 풍경을 일부 객실에서 조망할 수 있다. 전통적인 오스트리아 스타일에 현대적 디자인이 조화를 이룬 객실과 도심 전경이 한눈에 들어오는 루프톱 바, 탁 트인 전망과 함께 운동할 수 있는 피트니스 등 최고의 시설을 갖추고 있다.

▶ https://www.hyatt.com/andaz/vieaz-andaz-vienna-am-belvedere

· 잘츠부르크 Salzburg ·

Hotel Sacher Salzburg

100년이 넘는 역사적인 건물을 사용하는 호텔로 럭셔리하고 우아하게 꾸며진 객실을 보유하고 있다. 잘자흐 강가에 위치해 유서 깊은 구시가지와 호엔잘츠부르크 성이 보이는 멋진 전망을 감상할 수 있으며, 미라벨 정원과 모차르트의 집도 가까이에 있어 관광하기에도 편리하다.

▶ www.sacher.com/en/salzburg

Hotel Goldener Hirsch, a Luxury Collection Hotel, Salzburg

15세기 건물을 개조한 호텔로 잘츠부르크의 중심부인 게트라이데 거리Getreidegasse에 자리하고 있다. 고풍스러운 객실과 스위트, 훌륭한 레스토랑과 바, 그리고 편안한 스파 시설이 있으며, 잘츠부르크의 역사적인 랜드마크들까지도 도보로 쉽게 이동할 수 있다.

▶ www.marriott.com/en-us/hotels/szglc-hotel-goldener-hirsch-a-luxury-collection-hotel-salzburg

메인 요리부터 디저트까지!
오스트리아 대표 음식

여행에서 가장 중요한 한 가지를 뽑으라면 바로 맛집 투어 아닐까? 오늘도 SNS를 뒤지며 열심히 맛집 검색을 하고 있을 수많은 여행자들을 위해 오스트리아에서 무엇을 먹어야 할지, 어디에서 먹어야 할지, 어디가 진짜 맛있는지 정리해봤다. 오스트리아는 독일, 체코, 헝가리, 이탈리아 등 여러 나라와 접해 있어 음식 문화도 다양하게 발전해왔다. 자극적이지 않은 음식에 감칠맛을 더해줄 와인을 곁들이면 금상첨화. 커피와 후식 문화가 발달한 만큼 달달한 디저트로 마무리하는 것도 잊지 말자.

· 음식 ·

Wiener Schnitzel
비너 슈니첼

얇게 자른 송아지 고기에 빵가루를 묻혀 튀긴 음식으로 커다란 돈가스 모양이다. 같이 나오는 레몬을 짜서 뿌려 먹으면 되고 삶은 감자나 감자튀김이 곁들여 나오기도 한다.

> ❌ **비주얼은 짱! 맛과 크기는 톱!**
> **슈니첼의 명가, 피글뮐러 Figlmüller**
>
> 작은 레몬 한 조각이 초라해 보일 만큼 피글뮐러의 슈니첼은 맛도 크기도 으뜸이다. 빈에 있는 슈니첼 전문 레스토랑으로 오랜 역사를 자랑하며 여전히 꾸준한 인기를 끌고 있다. 자세한 사항은 p137 참고.
>
>
>
>

Heurige
호이리게

와인에 여러 고기 요리와 감자, 소시지, 독일식 양배추 절임인 사우어 크라프트, 치즈 등이 담겨 나오는 음식으로 햇와인을 뜻하기도 한다. 햇와인을 파는 선술집은 호이리거 Heuriger 라고 한다.

> ❌ **서로 다른 매력의 호이리거**
>
> | 마이어 암 파르플라츠 | VS | 알터 바흐-헹글 |
> | Mayer am Pfarrplatz | | Alter Bach-Hengl |
>
>
>
> 베토벤이 살았던 집을 개조한 곳으로 흥겨운 분위기다. 1600년대에 사용했던 참나무 양조 시설을 아직도 사용하며 와인과 음식은 두말할 필요 없이 맛있다. 자세한 사항은 p152 참고
>
> 각국 정상과 유명 스타들이 다녀간 곳으로 흥겨운 분위기다. 1137년부터 자리 잡은 곳으로 한국 관광객이 오면 '애모', '과수원 길' 등을 연주하는 악사가 있다.

Zwiebelrostbraten
츠비벨로스트브라텐

소고기 등심 스테이크에 프라이드 양파를 얹어주는 스타일로 독일 슈바벤 지역에서 유래한 음식이다.

Schlutzkrapfen
슐루츠크라펜

티롤 지방의 전통 음식으로 소의 재료로 바토 치즈, 우유 등이 들어가며 소스는 포르치니 버섯, 버터, 백포도주, 마늘 등으로 만든다.

Kasnocken
카스노켄

작은 만두에 녹인 치즈와 볶은 양파를 넣어 만든 요리. 향은 강하지만 식감은 부드러운 비어케제Bierkäse 치즈를 사용한다.

Käsespätzle
케제슈페츨레

풍미가 강한 치즈를 넣어 만든 누들 요리. 특수 강판에 반죽을 눌러 면을 만든 뒤 볶은 양파와 치즈를 넉넉히 올린다.

Tiroler Gröstl
티롤러 그뢰스틀

인스부르크의 대표 음식. 소고기, 베이컨, 감자, 양파 등을 볶아 그 위에 달걀프라이를 얹어 먹는 요리다.

Fiaker Goulash
피아커 굴라시

헝가리 전통 음식 굴라시에 소시지를 곁들인 빈의 대표 음식으로 달걀프라이가 곁들여 나오기도 한다.

Backhendl
바크핸들

오스트리아식 프라이드치킨으로 19세기까지 부르주아 층에서 먹는 요리였으나 1848년 혁명 이후 널리 보급되었다.

Tafelspitz
타펠슈피츠

소의 우둔살을 각종 채소와 함께 푹 삶아내 홀스래디시 소스에 찍어 먹는다. 자작한 국물 위에 나오기도 한다.

Käseknödel
캐제크뇌델

티롤 지방에서 유래한 치즈가 듬뿍 들어간 만두 요리. 삶거나 구운 뒤 국물이나 샐러드 및 스튜에 곁들여 먹는다.

Kürbissuppe
쿠어비스주페

우리나라 호박죽과 비슷한 요리다. 다만 고기, 감자, 양파, 마늘, 크림 등을 넣어 호박죽보다 풍미가 진하다.

Kaiser Roll
카이저 롤

비엔나 롤, 하드 롤, 카이저젬멜 등으로 불리며 바게트처럼 껍질이 단단하다. 강력 밀가루로 반죽한 뒤 증기 오븐에서 굽는다.

Brettljause
브레틀야우제

샤퀴테리 보드와 비슷한 오스트리아 전통 애피타이저 코스. 햄, 치즈, 절인 채소, 스프레드 등을 나무판에 담아 제공한다.

Bratwurst
브라트부어스트

오스트리아에서 가장 많이 먹는 두툼한 소시지로 짠맛이 강하다. 빵에 넣어 핫도그처럼 만들어 먹거나 맥주와 같이 먹으면 좋다.

Forelle Müllerin
포렐레 뮐러린

케르텐의 깨끗한 강과 호수에서 서식하는 송어 또는 빙어를 굽거나 튀긴 요리로 구운 감자를 곁들여 먹는다.

Semolina Dumpling Soup
세몰리나 덤플링 수프

일종의 만둣국으로 치즈나 채소가 소로 들어간다. 애피타이저이자 감기 걸렸을 때 먹는 음식으로 통한다.

Kiachl
키아흘

끓인 라드(돼지기름)에 반죽을 넣어 튀긴 수제 도넛. 취향에 따라 슈크림, 과일 잼, 사우어 크라프트 등과 함께 먹는다.

Knödel
크뇌델

감자, 밀가루, 빵, 고기 등을 넣고 뭉쳐서 끓는 물에 익힌 독일 요리로 티롤식은 커스터드 크림을 넣는다.

Frittatensuppe
프리타텐주페

묽은 반죽을 얇은 팬케이크처럼 부친 뒤 가늘게 썰어 국수처럼 소고기 국물에 담가 먹는 음식이다.

• 디저트 •

Sacher Torte
자허 토르테

19세기 초반에 탄생해 전 세계적으로 명성을 얻은 초콜릿 케이크. 살구 잼이 들어 있으며 신선한 생크림과 함께 즐긴다.

Kaiserschmarrn
카이저슈마른

폭신하고 두꺼운 팬케이크를 조각내어 슈가 파우더를 뿌린 것으로 프란츠 요제프 1세가 즐겨 먹었다고 한다. 자허 토르테 다음으로 인기 있는 디저트다.

Apfelstrudel
아펠슈트루델

오스트리아 전통 사과 파이로 상큼하고 달콤하다. 사과 대신 제철 과일이나 고기, 치즈, 햄, 채소 등 넣는 재료에 따라 종류가 천차만별이다.

Krapfen
크라펜

튀긴 도넛 속에 잼이나 크림 등을 넣어 먹는다. 겨울철에 거리 상점이나 축제 행사장에서 만날 수 있다.

Nockerl
노케를

알프스산맥 모양으로 만든 달콤한 수플레로 머랭을 올려 굽는다. 함께 나오는 베리 잼과 같이 먹어야 머랭의 느끼함을 달랠 수 있다.

Linzer Cookies
린저 쿠키

바삭하게 구워낸 과자 위에 모양을 내고 베리 잼을 얹은 것으로 주로 크리스마스에 만들어 먹는다. 견과류를 넣어 고소한 맛이 특징이다.

Linzer Torte
린저 토르테

파트 사블레 반죽 위에 베리 잼을 채운 뒤 띠 모양의 반죽을 격자 모양으로 얹어 장식한 타르트다.

Cremeschnitte
크렘슈니테

퍼프 페이스트리 사이에 슈크림과 샹티이 크림을 넣고 사각형 모양으로 썬 뒤 슈가 파우더를 뿌려 먹는다.

Reindling
라인틀링

시나몬과 건포도가 든 도우에 슈가 글레이즈를 더한 페이스트리 케이크로 주로 부활절에 만들어 먹는다.

Kletzenbrot
클레첸브로트

주로 크리스마스 때 먹는 빵으로 건포도나 아몬드 또는 건과일을 넣어 고소하고 담백한 맛이 특징이다. 첫 조각은 사랑하는 사람한테 준다는 전통이 있다.

Marillenknödel
마릴렌크뇌델

버터와 달걀, 크바르크Quark(독일식 크림 치즈)를 섞어 만든 반죽 안에 씨를 제거한 살구를 넣은 것으로, 슈가 파우더를 뿌려 먹는다.

Palatschinken
팔라친켄

크레페처럼 얇게 부친 팬케이크로 반죽을 숙성하지 않고 바로 굽는다. 잼, 과일, 누텔라 등으로 속을 채워 말아 먹는다.

맛집 찾기에 앞서 알아야 할, 오스트리아 식당 종류

어떤 나라든 식당 간판에는 해당 식당에 대한 정보가 담기기 마련. 오스트리아도 예외는 아니어서 간판에 붙은 식당 종류만 파악해도 대략 어떤 음식을 판매하는 곳인지 알 수 있다. 맛집 찾기에 앞서 먼저 알아야 할 오스트리아 식당 종류를 소개한다.

Gasthaus
가스트하우스

전통적인 오스트리아 요리와 지역 특색을 경험할 수 있는 가정식 식당이자 여관을 뜻한다. 일반적으로 가족이 운영하며, 대부분의 가스트하우스가 오랜 역사를 자랑한다. 금액이 비교적 저렴하며 격식을 갖출 필요가 없다.

Restaurant
레스토란트

저렴한 가정식부터 값비싼 코스 요리를 판매하는 곳까지 모든 식당을 통칭해 레스토란트라 한다. 여러 나라와 국경을 접한 오스트리아의 특성상 다양한 맛의 세계를 경험할 수 있다.

Beisl
바이즐

규모가 작은 레스토랑 또는 선술집을 가리키는 말로, 오스트리아 전통 요리나 특산품에 중점을 둔다. 대부분 가정적인 분위기로 여행객보다는 지역 주민들이 모임 장소로 즐겨 찾는다. 알려지지 않은 진짜 맛집을 찾는다면 눈여겨봐야 할 곳이다.

Würstelstand
뷔르스텔슈탄트

우리나라의 분식집처럼 길거리 음식을 판매하는 노점이나 규모가 협소한 판매점을 의미한다. 주 메뉴는 소시지인데 소시지를 빵이나 간단한 사이드 메뉴와 함께 내놓는 경우가 많다. 오스트리아는 지역별로 소시지 맛도 다르기 때문에 여행객 사이에서도 인기가 좋다.

Heuriger
호이리거

오스트리아의 와인 바로, 일반적으로 포도 농장 근처에 있다. 호이리거에서는 지역 와인과 함께 간단한 요리를 판매하며, 경우에 따라 음악이나 춤 공연을 보여주는 곳도 있다.

Biergarten
비어가르텐

'맥주 정원'이라는 뜻으로 이름처럼 맥주와 함께 가벼운 식사를 즐기는 야외 공간이다. 대부분 공원이나 숲 등 자연 친화적인 곳에 있으며 특성상 여름에 인기가 좋다. 프리첼, 소시지 등 맥주 안주로 어울리는 요리를 맛볼 수 있다.

Brauereien
브라우에라이엔

맥주를 판매하는 펍을 의미한다. 다만 단순히 맥주를 판매하는 것에 그치지 않고 직접 양조를 하는 곳이 많아 그 집만의 맥주를 맛보기 위해 일부러 찾는 고객이 많다. 맥주 마니아라면 놓치지 말아야 할 곳이다.

Café
카페

커피 문화가 발달한 나라인 만큼 오스트리아에는 다른 나라보다 다양한 카페가 있다. 다만 우리에게 친숙한 미국 스타일의 체인점보다 나름의 전통과 역사를 자랑하는 카페가 많다. 카페에서는 커피와 함께 케이크, 디저트 또는 가벼운 브런치를 즐길 수 있다.

Konditorei
콘디토라이

독일어로 제과점을 뜻한다. 케이크, 과자 등 디저트와 함께 차를 즐길 수 있다는 점에서 카페와 비슷하다. 다만, 카페가 커피에 무게를 둔다면 콘디토라이는 빵과 케이크에 무게를 두는 곳이다.

끊임없이 전통이 재창조되는 공간, 커피하우스

오스트리아에서 커피는 음료 이상의 의미를 지닌다. 커피하우스는 사교장이자 배움터이고 개인의 창작 활동과 자유가 보장되는 공간이었으며 지금도 그러하다. 300년 넘게 이어져온 커피하우스의 문화는 2011년 유네스코 세계무형유산에 선정돼 그 가치를 인정받았다. 커피 한 잔 값으로 도시 곳곳에 흐르는 커피 문화를 체험할 수 있다는 것은 무척이나 설레는 일이다.

• 커피 종류 •

Kleiner Schwarzer
클라이너 슈바르처
| 에스프레소 |

모카Mokka라고도 부르며 보통 에스프레소와 물잔을 따로 준다. 더블 에스프레소는 그로서 슈바르처Großer Schwarzer.

Verlängerter
페어랭겔터
| 에스프레소+물 |

우리가 알고 있는 아메리카노와 가장 비슷한 커피로 좀 더 진한 편이다.

Kleiner Brauner
클라이너 브라우너
| 에스프레소+크림 |

에스프레소에 크림을 따로 주니 원하는 만큼 넣어 마시면 된다. 그로서 브라우너Großer Brauner를 주문하면 더블 에스프레소를 내준다.

Kapuziner
카푸치너

| 에스프레소+약간의 휘핑크림 |

흔히 알고 있는 카푸치노처럼 우유 거품을 올리는 경우는 드물며 아인슈페너보다 적은 양의 휘핑크림(슐라고버스 Schlagobers)을 올려준다.

Franziskaner
프란치스카너

| 에스프레소+우유+휘핑크림 |

비너 멜랑쉬와 비슷하나 우유 거품 대신 휘핑크림을 올려 더 달콤하게 즐길 수 있다.

Wiener Melange
비너 멜랑쉬

| 에스프레소+우유+우유 거품 |

클래식한 비엔나 커피로 카페 라테와 비슷하나 우유 거품을 올려 카푸치노와 비슷하다는 의견도 있다. 우유 거품 양은 카페마다 살짝 다르다.

Kaisermelange
카이저멜랑쉬

| 에스프레소+꿀+달걀노른자 |

프란츠 요제프 1세 황제가 즐겨 마셨다고 전해지는 커피로 빈에서는 코냑을 약간 넣어 마시기도 한다.

Maria Theresia
마리아 테레지아

| 에스프레소+오렌지 리큐어+크림 |

항긋한 오렌지 향이 일품인 커피로 일부 카페에서는 오렌지 제스트를 크림 위에 올려주기도 한다.

Fiaker
피아커

| 에스프레소+체리 브랜디+휘핑크림 |

쌍두마차인 피아커를 몰던 마부들이 즐겨 마시던 커피로 아인슈페너보다 휘핑크림이 덜 들어간다. 휘핑크림 위에 체리를 얹어주기도 한다.

Einspänner
아인슈페너

| 에스프레소+휘핑크림 |

더블 에스프레소에 휘핑크림을 듬뿍 올린 커피로 피아커처럼 마부와 관련 있다. 두터운 휘핑크림 덕에 손님이 왔을 때 뜨거운 커피를 금방 마실 수 있고 울퉁불퉁한 길에서 커피가 쏟아지는 걸 막아준 것이다.

Biedermeier
비더마이어

| 에스프레소+살구 리큐어+약간의 휘핑크림 |

안정적인 시민 문화를 찾으면서 커피 붐이 일던 비더마이어 시대에 생겨난 커피로 살구 리큐어와 커피가 조화롭다.

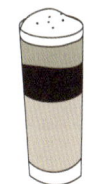

Kaffee Verkehrt
카페 베르케르트

| 에스프레소+우유 |

'뒤집힌, 거꾸로'란 뜻의 베르케르트는 우유 양이 커피보다 훨씬 많이 붙은 이름으로, 최소 커피보다 2배 이상의 우유가 들어간다.

CAFÉ FRAUENHUBER | 1788
카페 프라우엔후버

빈에서 가장 오랜 역사를 지닌 카페로 1824년 지금의 자리로 옮겼다. 프라우엔후버의 이름으로 영업한 연도는 1891년이지만, 카페의 역사는 더 이전으로 거슬러 올라간다. 1788년에는 모차르트, 1797년에는 베토벤이 연주한 장소이기도 하다. 붉은 벨벳 소파와 대리석 테이블, 페르시안 카펫이 어우러져 만들어내는 클래식한 분위기가 커피의 맛과 향을 더욱 진하게 한다.

- 지하철 U1, U3 슈테판스플라츠Stephansplatz역에서 도보 5분
- Himmelpfortgasse 6, 1010 Wien
- 월~토요일 08:00-22:00, 일요일, 공휴일 10:00-20:00
- 아인슈페너 €6.9, 비더마이어 €9.5, 피아커 €9.5
- www.cafefrauenhuber.at

CAFÉ LANDTMANN | 1873
카페 란트만

인근에 빈 시청, 국회의사당, 부르크 극장 등이 있어 많은 배우와 정치인들의 단골 카페로 명성을 이어오고 있다. 단골 손님 중에는 유명 심리학자 프로이트도 있었다. 전체적으로 고풍스러운 분위기는 물론 스태프들이 나비넥타이를 하고 있어 커피 한 잔에도 남다른 품격이 느껴진다. 커피는 비너 멜랑쉬를 추천한다. 커스터드 크림 위에 올려주는 애플파이 Apfelstrudel도 꼭 한번 맛봐야 할 인기 메뉴다.

- 트램 1, 71, D번 라트하우스플라츠Rathausplatz역에서 도보 5분
- Universitätsring 4, 1010 Wien
- 매일 07:30-22:00, 비정기 휴무
- 비너 멜랑쉬 €6.9, 애플파이 €9.3
- www.landtmann.at

애플파이

CAFÉ MUSEUM | 1899
카페 무제움

근현대 건축가로 유명한 아돌프 로스Adolf Loos가 처음 디자인했을 당시에는 환영받지 못했다. 심미적 요소를 중시하던 빈의 건축물과 상반되어 일부 호기심 많은 젊은 예술가의 발길만 잦았다. 덕분인지 모르나 에곤 실레와 구스타프 클림트가 처음 만난 곳이기도 하다. 프란츠 요제프 1세 황제는 아돌프 로스가 1910~1912년에 호프부르크 맞은편에 지은 로스하우스 건물이 못마땅해 정문을 피해 다녔을 정도였다고 하지만 현재 아돌프 로스의 손길은 남아 있지 않다. 후에 요제프 조티Josef Zotti의 붉은색 반원형 소파가 아돌프 로스의 흔적을 덮고 있다.

- 지하철 U1, U3, U4 카를스플라츠Karlsplatz 역에서 도보 1분
- Operngasse 7, 1010 Wien
- 매일 08:00~23:00
- 비너 멜랑쉬 €6.9, 아인슈페너 €6.9
- www.cafemuseum.at

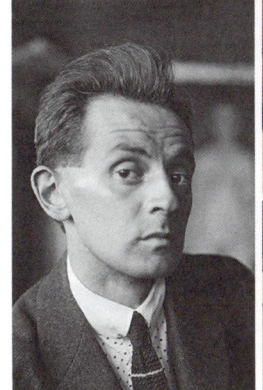

화이트 와인의 정수,
오스트리아 와인

전 세계 와인 생산량의 1%를 차지하나 수출하는 와인이 적어 오스트리아 여행 중 기회가 될 때마다 마시는 게 이득이다. 와인 생산량의 3분의 2는 화이트 와인으로 가장 많이 재배하는 오스트리아 토착 품종은 그뤼너 벨트리너Grüner Veltliner이며 적포도 품종은 츠바이겔트Zweigelt다. 빈에서는 한 와이너리에서 생산한 여러 품종의 포도를 섞어 만든 와인인 비너 게미슈터 자츠 Wiener Gemischter Satz DAC를 꼭 마셔보자. 와인 레벨에 Wiener Gemischter Satz DAC라고 표시되어 있다.

와인 산지 Wine Regions

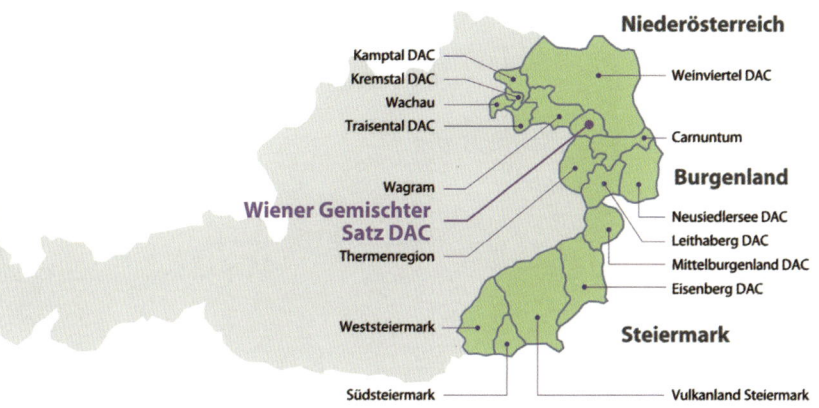

오스트리아에는 크게 4개의 와인 산지, 니더외스터라이히Niederösterreich, 부르겐란트Burgenland, 비엔나Vienna, 슈타이어마르크Steiermark가 있으며 17개의 세부 산지로 나뉜다. 이 중 13개가 원산지 지정 보호 등급인 DAC(Districtus Austriae Controllatus)를 받았고 점차 DAC를 받는 지역이 늘어나는 추세다.

와인 등급 Wine Classification

오스트리아 와인 등급은 크게 4등급으로 나뉘며 고급 와인에 속하는 프레디카츠바인은 다시 당도에 따라 세분화된다. 슈페트레제에서 트로켄베렌아우스레제로 갈수록 당도 높은 포도로 만든다. 단, 당도 구분이 양조 전의 포도즙 당도를 의미하기 때문에 완성된 와인의 당도와 반드시 비례하는 것은 아니니 참고하자.

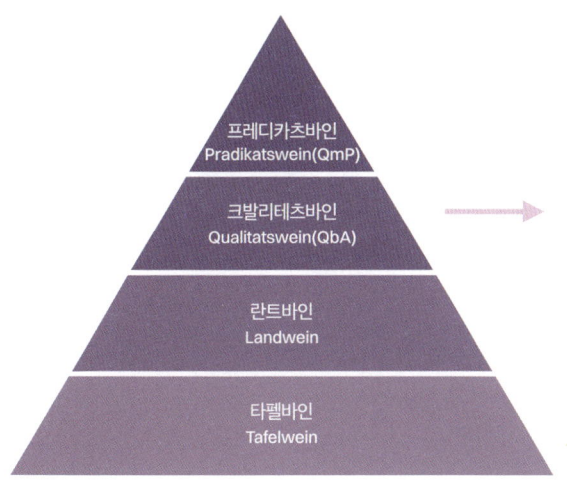

- 슈페트레제Spätlese
- 아우스레제Auslese
- 베렌아우스레제Beerenauslese(BA)
- 슈트로바인Strohwein
- 아이스바인Eisewein
- 아우스브루흐Ausbruch
- 트로켄베렌아우스레제 Trockenbeerenauslese(TBA)

- **프레디카츠바인** | 당을 첨가하지 않은 최고 품질의 와인.
- **크발리테츠바인** | 지정된 지역에서 만든 질 좋은 와인.
- **란트바인** | 퀄리티 와인, 프랑스의 VdP 또는 이탈리아 IGT 와 같은 등급의 와인.
- **타펠바인** | 테이블 와인.

Wachau Valley
바하우 밸리

와인 산지로도 유명한 바하우 밸리는 잔잔한 도나우 강을 따라 포도밭 사이로 그림 같은 르네상스 풍 마을이 안락하게 둥지를 틀고 있다. 이곳의 하이라이트는 유네스코 세계문화유산으로 지정된 약 36km 구간의 바하우 트레일로 크렘스에서 멜크까지 이어진다. 허물어진 성채, 고즈넉한 수도원, 중세 시대 건물 그리고 여기에 화이트 와인까지. 빈에서 투어로 다녀오거나 여유가 있다면 하루 정도 머물며 와인의 향기에 취해보는 것을 권한다.

Stift Melk
멜크 수도원

바로크 예술의 진수를 볼 수 있는 가장 큰 규모의 수도원이자 오스트리아 현지 순례자들의 발길이 끊이지 않는 정신적 요충지다. 움베르토 에코의 장편소설 〈장미의 이름〉의 배경이 된 곳이기도 하다. 내부의 대리석 홀과 도서관은 눈으로만 담기에 아쉬울 정도로 아름다운데 사진 촬영이 금지라 실컷 감상하는 수밖에 없다. 11~3월에는 가이드 투어(약 50분 소요)로만 볼 수 있으니 유의하자. 자세한 사항은 홈페이지 참고.

- 멜크 반호프Melk Bahnhof역에서 도보 12~15분
- 4~10월 09:00-17:30(가이드 투어 혹은 가이드 없이 자율 관람 가능), 11~1월 초 11:00, 13:30, 15:00(가이드 투어로만 관람 가능)
- 성인 €16(가이드 투어 €3.5 추가)
- www.stiftmelk.at/en

Krems
크렘스

도나우 강에 자리한 도시 중 가장 오랜 역사를 지닌 소도시로 그 역사는 3만 년 전으로 거슬러 올라간다. 오늘날에는 예술과 문화의 도시로 자리 잡았으며 예술의 중심지인 쿤스트마일레 크렘스Kunstmeile Krems 일대에 미술관, 바, 레스토랑이 많이 모여 있다. 시간이 된다면 2Stein 레스토랑이나 바인바우 앤 호이리거 슈토이버Weinbau & Heuriger Stoiber에서 와인 한 잔 기울이며 식사를 즐겨봐도 좋다.

- 빈 프란츠-요제프스-반호프Wien Franz-Josefs-Bahnhof역에서 크렘스/도나우 반호프Krems/Donau Bahnhof역까지 1시간~1시간 15분

TIP 와인 투어
와인에 관심이 많다면 빈저 크렘스Winzer Krems 와이너리 견학을 추천한다. 독일어 투어는 매일 두 차례 정도 진행하나 영어 투어는 전화나 이메일로 문의해야 한다. 자세한 사항은 홈페이지 www.winzerkrems.at/en 참고.

Dürnstein
뒤른슈타인

크렘스에서 차로 15~20분 거리에 있는 뒤른슈타인은 영국의 사자왕 리처드 1세가 유폐되었던 뒤른슈타인 성으로 유명하다. 지금은 터만 남아 있는 성으로 올라가면 도나우 강과 포도밭이 어우러진 장관이 펼쳐진다. 성으로 올라가는 길은 좀 더 가파른 산길과 25~30분 정도 소요되는 길이 있다. 청백색 탑이 인상적인 뒤른슈타인 수도원 교회는 그림 같은 풍경에 정점을 찍는다.

- 멜크에서 버스로 약 50분, 유람선으로 1시간 30분 / 크렘스에서 유람선으로 30분

> **TIP** 기차와 유람선을 이용해 바하우 밸리 다녀오기

빈에서 바하우 밸리 투어를 이용하면 가장 쉽고 편하게 다녀올 수 있다. 투어 대신 자유 일정으로 다녀오고 싶다면 기차와 유람선을 이용하자. 유람선 회사는 DDSG이며 비수기에는 하루 한 편만 운행한다. 자세한 운행 시간과 루트는 사이트 참고.

▶ **DDSG** www.ddsg-blue-danube.at

🚩 **추천 루트**

09:18 🚆	빈 서역 출발
10:21	멜크 반호프역 도착
	멜크 수도원으로 이동해 관광
12:00	점심 식사 및 멜크 선착장으로 이동

13:50 🚢	멜크 출발	13:50 🚢	멜크 출발
15:30	크렘스 도착	15:10	뒤른슈타인 도착
	크렘스 마을 산책		뒤른슈타인 마을 산책
16:52 🚆	크렘스/도나우 반호프역 출발	16:24 🚆	뒤른슈타인 출발
17:57	빈 프란츠-요제프스-반호프역 도착	16:42	크렘스 도착
			크렘스 마을 산책
		17:52 🚆	크렘스/도나우 반호프역 출발
		18:57	빈 프란츠-요제프스-반호프역 도착

＊시간은 현지 사정에 따라 변동될 수 있음

물맛부터 다르다!
오스트리아 맥주

유럽에서 '맥주 소비량이 많은 국가' 하면 체코, 독일이 떠오르지만 이 두 국가를 누르고 상위에 자주 랭크되는 나라가 바로 오스트리아다. 8세기부터 시작된 오랜 맥주 양조의 전통을 자랑하는 오스트리아 맥주. 청정한 환경에서 맑은 물로 만든 만큼 현지에서 맛을 봐야 그 진가를 알 수 있다.

Fohrenburger
포어부르거

1881년에 생긴 곳으로 작은 마을인 블루덴츠Bludenz에 양조장이 있다. 주요 생산품은 라거 맥주로 혼합주인 라들러도 있다. 유니콘 마크가 그려져 있으니 참고할 것.

Hirter Bier
히르터 비어

알프스 산의 청정수로 만드는 양조장으로 1270년에 문을 열었다. 강한 여운을 주는 히르터 츠바인싯싱제어Hirter 1270er, 깔끔한 맛의 히르터 프리바트 필스Hirter Privat Pils 등이 있으며 알프스 허브를 넣어 만든 라들러Radler도 있다.

Murauer
무라우어

1495년에 설립한 무라우Murau에 있는 양조장으로 직원이 200명 가까이 되는 큰 규모로 성장했다. 달콤 쌉싸름한 감귤 향이 나는 11/11 맥주를 비롯해 붉은 빛의 라거인 메르첸Märzen, 페일 에일, 스타우트 등 다양한 에일 맥주도 생산한다.

Ottakringer
오타크링거

빈에서 가장 역사 깊은 양조장으로 1837년에 설립된 곳이다. 고전적 스타일의 라거를 좋아한다면 오타크링거 비너 오리지널Ottakringer Wiener Original을 추천한다.

Gösser
괴서

지퍼와 함께 오스트리아에서 흔히 만날 수 있는 맥주다. 괴서의 라들러는 다른 업체의 라들러보다 가격은 비싸지만 상큼함과 시원한 목 넘김으로 한번 마시면 빠져나올 수 없다.

Zipfer
지퍼

1960년대에 필스너 맥주의 트렌드를 이끈 양조장으로 설립 연도는 1858년이다. 깔끔한 맛에 탄산의 지속성이 오래가는 지퍼 우어티프Zipfer Urtyp 등이 인기다.

Stiegl
슈티글

'작은 계단'이란 뜻의 슈티글. 이름처럼 맥주 라벨에 계단이 그려져 있으며 1492년 잘츠부르크에서 시작되었다. 호피한 맛을 좋아한다면 슈티글 파라체르수스Stiegl Paracelsus를 맛보자.

Trumer Pils
트루머 필스

톡 쏘는 탄산이 매력적인 트루머 필스는 슈니첼과 잘 어울린다. 오스트리아를 넘어 미국에서도 생산되는데 그래서인지 2012년에 개봉한 올리버 스톤 감독의 영화 〈파괴자들〉의 한 장면에 나온다.

도심 속 양조장 투어

물 좋은 오스트리아에서 신선한 맥주를 맛볼 수 있다는 것은 매력적인 일이다. 펍이나 레스토랑에서 한잔하거나 슈퍼마켓에서 구입해 숙소에서 마시는 것도 좋다. 하지만 양조장에 한 번쯤 방문해 쌉쌀한 홉 향과 청량한 탄산이 주는 즐거움을 만끽해보라고 권하고 싶다. 이런 이유로 도심과 인접한 빈과 잘츠부르크의 대표 양조장을 소개한다.

Ottakringer Brauerei
오타크링거 브라우어라이

빈 중심에서 트램을 타면 20~30분 내에 닿을 수 있는 오타크링거 양조장. 브루어리 투어는 약 1시간에서 1시간 30분 정도 진행되며 미팅 장소는 양조장에서 도보 3~4분 거리에 있는 오타크링거 숍이다. 투어 중 많은 계단을 오르내리니 편한 신발은 필수. 홈페이지에 나와 있는 요일과 시간에 신청하거나 따로 요청해 참여할 수 있으며 최소 3일 전에는 예약하는 것이 좋다. 여름 시즌을 제외하고 목요일과 금요일 17:00-22:00에만 오픈하는 오타크링거 수제 맥주 펍도 인기다.

- 트램 2, 9, 44번 요한 앤 베르거 플라츠 Johann-N.-Berger-Platz 정거장에서 도보 4분 / 트램 46번 페스트가세 Feßtgasse 정류장에서 도보 6분
- 오타크링거 숍 Ottakringer Str. 95, 1160 Wien 오타크링거 브라우어라이 Ottakringer Pl. 1, 1160 Wien
- 투어 목, 토요일 14:00~17:00(시간 변동 많음, 홈페이지 확인 필수)
- 성인 €19.9
- www.ottakringerbrauerei.at

Stiegl Brauwelt
슈티글 브라우벨트

500년 넘는 역사를 자랑하는 슈티글. 깨끗한 물을 끌어다 맥주를 만들기 위해 운하 옆에 지은 양조장은 작은 계단Stiegl을 통해서만 운하로 접근할 수 있었기에 '슈티글'이라는 이름이 탄생했다. 무엇보다 한국어 오디오 가이드가 있어 시간에 구애받지 않고 자유롭게 둘러볼 수 있다는 점이 좋다. 히어오니뮤스Hearonymus 애플리케이션을 다운받아 Stiegl Brauwelt를 검색해 한국어로 저장하면 된다. 단, 챕터가 많아 시간이 소요되니 미리 받아두자. 물론 가이드의 투어도 있다. 레스토랑의 음식도 괜찮은 편이니 투어 후에 간단한 음식과 함께 맥주를 즐겨보자.

- O-Bus 1번 혹은 10번을 타고 잘츠부르크 브로이하우스슈트라세Salzburg Brāuhausstraße 정류장에 하차해 도보 10분 / 22번 버스를 타고 잘츠부르크 고리안슈트라세Salzburg Gorianstraße 정류장에 하차해 도보 10분
- Brāuhausstraße 9, 5020 Salzburg
- 매일 10:00-17:00
- 성인 €13.9(잘츠부르크 카드 소지자 무료)
- www.brauwelt.at

오스트리아 여행 중
한 번쯤 만나게 되는 체인점

여행 중 만만하게 끼니를 해결할 수 있는 곳 중 하나가 대중적인 체인점이다. 시간 여유가 없을 때, 날씨가 좋아 야외에서 먹고 싶을 때 테이크 아웃 하기에도 좋다. 오스트리아 브랜드와 패스트푸드만큼 빨리 먹을 수 있는 독일에서 넘어온 노르트제를 만나보자.

Anker
앙커

빈 곳곳에 있는 앙커는 1891년에 문을 연 베이커리로 우리나라의 파리바게트처럼 오스트리아의 국민 빵집으로 알려진 브랜드다. 오스트리아에 약 110개 매장이 있으며 오픈 시간은 지점마다 약간씩 다르다. 시나몬 롤, 크루아상, 치즈 바게트, 샌드위치, 소시지 빵 등 다양한 종류가 있어 고르는 것만 해도 고민이 된다. 가격까지 저렴해 아침 식사로 커피와 빵을 함께 즐겨도 €5면 충분하다.

€ 샌드위치 €2.99~3.9, 일반 빵 €1.2~2, 커피 €1.9~

Coffeeshop Company
커피숍 컴퍼니

빈 커피 문화를 알리고자 1999년 빈에서 시작한 카페로 현재는 약 20개국에 250개 넘는 지점이 있다. 'Home in Vienna'와 'From the farm into the cup'이란 두 슬로건 아래 각기 다른 분위기의 카페를 선보이며 설탕이나 인공 첨가물 없는 시럽, 최고급 아라비카 원두 사용 등은 꾸준한 인기의 비결이다.

Akakiko
아카키코

유럽 외식업계에서 유명한 전미자 회장이 경영하는 곳으로 퓨전 아시안 음식을 판매한다. 오스트리아에 약 20개 지점이 있으며 빈에만 10개가 넘는다. 관광하다가 들르기 좋은 곳은 성 슈테판 대성당과 첸트럴 카페 근처다. 지점마다 맛의 차이가 약간 있으니 참고하자. 야키소바 €9.5, 벤토 €10.9~15.9, 롤 종류 €11.9~ 선이다. 체인은 아니지만 전미자 회장의 또 다른 한식당인 '요리Yori'의 자매 식당, 샤부 샤부 빈Shabu Shabu Wien도 2019년에 문을 열었다.

Nordsee
노르트제

독일 브레멘에서 탄생한 레스토랑으로 해산물 전문 패스트푸드점에 가깝다. 독일을 비롯해 오스트리아, 스위스, 체코, 헝가리 등에 퍼져 있으며 약 370개 지점이 있다. 가격이 책정된 단품과 무게 단위로 가격을 받는 메뉴로 나뉘며 원하는 것을 골라 담고 나중에 결제하면 된다. 샌드위치, 피시 앤 칩스, 연어 스테이크, 새우튀김, 새우 꼬치, 랍스터 등 원하는 것을 바로 골라 먹을 수 있어 편리하다.

Le Burger
르 버거

빈에서 최고의 수제 버거를 찾는다면 이곳에 가보자. 빈에 총 5개 지점이 있는 버거 맛집이다. 르 버거는 카운터에서 주문을 해 자리로 가져가는 셀프 방식으로 번부터 직접 만들며 인스턴트 재료를 사용하지 않는 건강한 버거를 만든다. 바삭한 베이컨과 육즙 가득한 패티의 조화가 환상적. 매장 한 켠에는 취향대로 골라 먹을 수 있는 10개가 넘는 소스가 있다. 사이드는 한국에서 접하기 어려운 고구마튀김을 추천한다.

€ 버거 €10~15.8, 감자튀김 €4.6
  고구마튀김 €5.4

Veganista Ice Cream
비거니스타 아이스크림

빈 시내에만 5개 이상의 지점을 가진 아이스크림 전문점. 전 메뉴가 비건 아이스크림이지만 보통의 아이스크림 전문점보다 종류가 다양해 큰 인기다. 피스타치오, 쿠키 & 크림, 화이트 누가 등이 맛있으며 유제품을 사용하지 않는 비건이라고 믿기시 않을 정도로 진하고 재료 본연의 맛이 잘 느껴진다. 라벤더가 이 집의 시그너처 메뉴다.

€ 1스쿱 €2.3 + 스페셜 €0.5

Buffet Trzesniewski
뷔페 체슈니에프스키

1904년에 문을 열어 120년의 역사를 자랑하는 오픈 샌드위치 가게로 오스트리아 전역에 14개 지점이 성업 중이다. 메인 재료 2~3가지를 크림치즈 또는 마요네즈 등과 함께 으깬 뒤 네모난 빵 위에 토핑으로 얹어주는 방식인데 아보카도, 치즈, 달걀, 연어, 토마토, 참치 등 토핑 메뉴가 27가지나 돼 골라 먹는 재미가 있다. 베이컨 앤 에그가 가장 인기 있는 메뉴다.

지금 아니면 안 돼!
눈 딱 감고 사고 싶은 쇼핑 리스트

여행 중 한 번쯤 사치를 부리거나 카드의 한도를 채우고 싶은 순간이 찾아온다. 그런 타이밍이 왔을 때 사고 나서도 후회 없을 오스트리아 대표 브랜드를 모았다. 두둑한 지갑은 가벼워지겠지만 그만큼 오랫동안 사용할 수 있는 아이템들이니 하나쯤 장만해 봐도 좋겠다.

Freywille
프라이빌레

1951년 오스트리아에서 생겨나 세계 최고의 주얼리 브랜드로 자리 잡은 회사다. 클림트, 모네, 훈데르트바서, 고흐 등의 작품을 재해석한 컬렉션과 창조적인 디자인의 제품으로 큰 사랑을 받고 있다. 빈에는 4개 매장이 있으며 중심지에 2개가 있으니 참고하자.

- 성 슈테판 대성당 근처 지하철 U1, U3 슈테판스플라츠Stephansplatz역에서 도보 3분 알베르티나 근처 지하철 U1, U3 슈테판스플라츠Stephansplatz역에서 도보 5분
- Stephansplatz 5, 1010 Wien, Lobkowitzplatz 1, 1010 Wien
- 월~금요일 10:00-19:00, 토요일 10:00-17:00, 일요일 휴무(두 매장 동일)

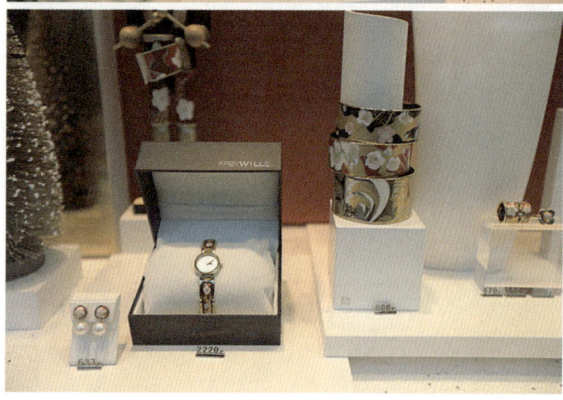

Swarovski
스와로브스키

더 이상의 설명이 필요 없는 세계 최고 수준의 크리스털 전문 브랜드로 인스부르크에 있는 스와로브스키 크리스털 월드(p222 참고)는 매년 수많은 방문객이 찾는다. 빈의 케른트너 거리에 있는 스와로브스키 본점에는 지하, 1층, 2층까지 3층에 걸쳐 다양한 제품이 마련되어 있으니 꼭 들러보자.

- 지하철 U1, U3 슈테판스플라츠Stephansplatz역에서 도보 5분
- Kärntner Str. 24, 1010 Wien
- 월~금요일 09:00-20:00, 토요일 09:00-18:00, 일요일 휴무

Lobmeyr
로브마이어

프랑스 명품 크리스털 브랜드 바카라Baccarat가 화려한 궁전 스타일이라면 오스트리아의 로브마이어는 재미있고 독특한 디자인부터 심플하면서도 정교한 제품을 선보인다. 색을 더한 화려한 제품 라인도 있다. 눈길이 가는 디자인의 오브젝트가 많지만 가격이 다소 부담스럽다는 것이 단점. 그럼에도 특별한 사람에게 줄 선물을 찾는다면 한 번쯤 둘러볼 만하다. 스와로브스키 본점과 바로 인접해 있어 같이 방문하면 좋다.

- 지하철 U1, U3 슈테판스플라츠Stephansplatz역에서 도보 5분
- Kärntner Str. 26, 1010 Wien
- 월~토요일 10:00-18:00, 일요일 휴무

Augarten
아우가르텐

독일의 마이센과 더불어 유럽에서 손꼽히는 도자기 브랜드로 역사가 300년이 넘는다. 오스트리아 왕실 도자기로도 유명한 아우가르텐은 모두 핸드메이드 제품이며 손으로 하나하나 그려 넣은 그림 또한 하나의 예술로 빛난다.

- 지하철 U1, U3 슈테판스플라츠 Stephansplatz 역에서 도보 1분
- Spiegelgasse 3, 1010 Wien
- 월~토요일 10:00-18:00, 일요일 휴무

Gmundner Keramik
그문드너 케라믹

1400년대에 생산되어 600년이 넘는 역사를 자랑하는 오스트리아의 국민 도자기로 60단계가 넘는 수작업으로 만들어진다. 특히 하얀 바탕에 녹색 줄무늬로 모양을 낸 도자기는 오스트리아 국민 2명 중 1명 꼴로 가지고 있다고 할 만큼 유명하다. 가격대가 다양해 큰 부담 없이 선물용으로 구입하기 좋다. 본점은 그문덴에 있지만 빈에도 숍이 있다.

- 지하철 U2 폴크스 시어터 Volks Theater 역에서 도보 8분
- Stadiongasse 7, 1010 Wien
- 월~금요일 10:00-18:00, 토요일 10:00-12:30, 일요일 휴무

Riedel
리델

글라스에 따라 와인의 맛과 향이 달라질 수 있다는 것을 보여준 최초의 와인 잔 브랜드로 1756년부터 생산되었다. 스템(손잡이)이 없는 O시리즈는 여러 항공사에서 서빙 잔으로 사용할 만큼 유명하다. 블랙/레드타이 시리즈는 뉴욕현대미술관MoMA의 20세기 명품으로 선정되어 영구 소장되어 있기도 하다.

- 잘츠부르크에서 자동차로 1시간 20분
- Weissachstraße 30, 6330 Kufstein
- 월~금요일 09:30-17:00, 토요일 09:30-13:00, 일요일 휴무

TIP 리델 공장 Riedel Flagship Store & Outlet

리델 본사는 중세 도시 쿠프슈타인Kufstein에 자리하고 있다. 공장 및 아웃렛을 함께 운영 중인데 일부 제품은 온라인 판매가에서 최대 90%까지 할인된 가격으로 구입할 수 있다. 와인과 와인 잔에 대한 리델의 철학을 보여주는 설치미술품 '신포니SINNfonie' 등 볼거리도 다양하니 와인 잔에 관심이 있다면, 그리고 렌터카 여행객이라면 빼놓지 말고 들러보자.

Mühlbauer
뮬바우어

뮬바우어 가문이 4대에 걸쳐 100년 넘게 전통을 이어가고 있는 모자 브랜드다. 숍에 들어서면 클래식한 디자인부터 예사롭지 않은 모양의 모자까지 눈을 사로잡는데, 특히 M 로고가 달린 모자는 전부 써보고 싶을 정도로 개성이 넘친다. 숍은 성 슈테판 대성당에서 2~3분만 걸어가면 나오며 공방은 슈베덴플라츠에 있다.

- 지하철 U1, U3 슈테판스플라츠Stephansplatz역에서 도보 1분
- Seilergasse 10, 1010 Wien
- 월~금요일 10:00-18:30, 토요일 10:00-18:00, 일요일 휴무

여행 중 최대 고민 해결!
오스트리아 기념품 선물

그럴 듯한 걸 사자니 가격이 부담스럽고 면세점에서 초콜릿을 사자니 정성이 부족한 것 같다. 지인에게 줄 선물 쇼핑은 여행이 끝날 때까지 고민으로 남아 있기 일쑤다. 오스트리아를 기념할 만한 쇼핑 품목은 어떤 게 있을까? 부담 없는 금액의 선물용 아이템을 만나보자.

Mozartkugel
모차르트 쿠겔

원조는 1890년 파울 퓌르스트 Paul Fürst가 잘츠부르크에 카페 콘디토라이 퓌르스트 Cafe Konditorei Fürst를 열면서 만든 것이다. 은색에 파란색 모차르트가 그려진 포장이 오리지널이며 이후 다양한 제품과 디자인이 곳곳에서 만들어져 슈퍼마켓에서도 쉽게 찾아볼 수 있다.

- 모차르트 생가에서 도보 3분
- Brodgasse 13, 5020 Salzburg
- 월~토요일 09:00-19:00, 일요일 10:00-17:00
- 290g €7.99~, 오리지널 9개입 €20.6~
- www.original-mozartkugel.com

> **TIP** Cafe Konditorei Fürst
> 잘츠부르크에 4개 매장이 있으며 파울 퓌르스트가 문을 연 곳은 Brodgasse 13번지다.

Sacher Torte
자허 토르테

초콜릿 스펀지 케이크 사이에 살구 잼을 바른 뒤 다시 다크 초콜릿으로 전체를 코팅한 빈 전통의 케이크다. 호텔 자허 Hotel Sacher Wien 내 카페 자허 Café Sacher Wien가 가장 유명하며 이곳에서 선물용 자허 토르테도 구입할 수 있다.

- 지하철 U1, U3 슈테판스플라츠 Stephansplatz역에서 도보 8분
- Philharmoniker Str. 4, 1010 Wien
- 매일 09:00-22:00
- 1.05kg €54, 1.55kg €65, 1.62kg €73
- www.sacher.com

Zauner Stollen
차우너 슈톨렌

잘게 부순 웨이퍼에 누가, 헤이즐넛 등을 넣고 모양을 낸 뒤 초콜릿을 덮은 것으로 1905년에 처음 만들어져 100년이 넘는 역사를 자랑한다. 바트 이슐의 콘디토라이 차우너 Konditorei Zauner에서 선물용 차우너 슈톨렌을 판매한다.

- 📍 바트 이슐 중앙역Bad Ischl Hbf에서 도보 6분
- 📍 Pfarrgasse 7, 4820 Bad Ischl
- 🕘 매일 08:30-18:00
- € 145g €13, 290g €25, 520g €42
- 🔗 www.zauner.at

Manner
마너

오스트리아의 국민 웨이퍼. 약 130년의 전통을 지닌 오스트리아의 대표 간식으로 헤이즐넛 크림이 들어간 달달한 웨이퍼는 꾸준한 인기를 끌고 있다. 빈 중앙역을 비롯 도시 곳곳에 매장이 있다.

- 📍 빈 중앙역Wien Hbf 내부 위치
- 📍 Am Hbf 1, 1100 Wien
- 🕘 월~금요일 09:00-20:00, 토, 일요일 09:00-19:00
- € 110g €1.39~, 300g €4.29~, 600g €8.69~
- 🔗 www.manner.com

Julius Meinl
율리어스 마이늘

생긴 지 150년이 넘은 오스트리아의 커피 브랜드. 율리어스 마이늘의 원두는 그라벤 거리에 있는 율리어스 마이늘 숍이나 슈퍼마켓에서 살 수 있다.

- 📍 지하철 U1, U3 슈테판스플라츠역Stephansplatz에서 도보 6분
- 🕓 Graben 19, 1010 Wien
- 🕐 월~금요일 08:00-19:30, 토요일 09:00-18:00, 일요일 휴무
- € 500g €10.9~, 캡슐 커피 10개입 €4.3~
- ▸ www.shop.meinl.com

 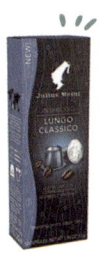

Snow Globe
오리지널 스노 글로브

세계 최초로 스노 글로브를 만든 사람은 오스트리아의 수공예가 에르빈 페르치Erwin Perzy로 지금은 그의 손자가 가업을 물려받아 이어가고 있다. 진짜 눈처럼 보이는 인공 눈은 이곳만의 비법. 자허 토르테, 비엔나커피 등 오스트리아만의 특별한 오리지널 스노 글로브가 궁금하다면 빈 여행 중 잠시 들러도 좋다.

- 📍 지하철 U2 쇼텐토르Schottentor역, U6 베어링어슈트라세Währingerstraße역에서 42번 트램을 타고 마지막 정류장 안토니가세Antonigasse에서 하차, 도보 4분
- 🕓 Schumanngasse 87, 1170 Wien
- 🕐 월~목요일 09:00-15:00, 금~일요일 및 공휴일 휴무
- ▸ www.viennasnowglobe.at

지갑이 가벼워도 괜찮아,
만만한 슈퍼마켓 쇼핑 리스트

오스트리아의 대표 슈퍼마켓 체인인 빌라Billa와 스파Spar에는 선물용으로도, 여행의 여운을 즐기기에도 좋은 아이템이 많다. 오스트리아의 대표 제품을 모았으니 미리 눈에 익혀두어 쇼핑 시간을 아껴보자.

DALLMAYR
달마이어

300년이 넘는 역사를 지닌 달마이어는 독일 뮌헨에서 태어났으며 독일 황실에서 맛과 향, 품질을 인정받은 대표 브랜드다. 원두 및 캡슐 커피를 이웃 국가인 오스트리아에서도 쉽게 접할 수 있다.

캡슐 커피 10개입 €3.75~
500g €9.9~

ALT WIEN KAFFE
알트 빈 카페 원두

오랜 노하우가 녹아 있는 블렌딩과 로스팅으로 최고의 커피 맛을 선보이는 곳. 카페라기보다는 원두를 파는 곳이라고 해야 할 정도로 편히 앉아서 마실 수 있는 공간은 적다. 스파Spar에서도 원두를 팔지만 다양하고 신선한 원두를 원한다면 매장에 들러보자.

250g €8.2~

KREN
크렌

스테이크나 고기 요리에 잘 어울리는 서양 고추냉이. 오스트리아의 대표 음식인 타펠슈피츠와도 잘 어울리며 느끼한 음식을 먹을 때 활용하기 좋다.

100g €2.09~

PUMPKIN SEED OIL
호박씨유

직접 음용하거나 샐러드, 무침, 비빔밥 등에도 활용할 수 있는 만능 오일. 피부, 두뇌 발달, 뼈 건강 등에 좋아 건강식품으로도 각광받고 있다. 슈타이어마르크에서 생산되는 호박씨유Stryrian Pumpkin Seed Oil가 대표적이다.

500ml €27.49~

STAUD'S WIEN
스타우즈 빈

한스 스타우드Hans Staud는 신선한 과일과 채소를 팔았던 아버지의 사업을 물려받아 과일 잼, 콩포트, 피클 등을 만들기 시작했다. 'So New, So Organic, So Delicious'라는 슬로건을 내걸고 만드는 제품은 재료 본연의 맛이 잘 살아 있으며 살구 잼이 특히 유명하다.

ZOTTER CHOCOLATE
조터 초콜릿

30년 조금 넘은 브랜드로 역사는 짧지만 유기농 재료만을 사용해 초콜릿을 만든다. 슈퍼마켓에서는 클래식, 다크 등 종류가 많지 않지만 그나마 손쉽게 살 수 있는 장소다. 온라인 기반으로 판매하다보니 초콜릿 공장에 있는 숍 이외에는 그라츠 한 곳에만 매장이 있다.

> **TIP 조터 초콜릿 공장** Zotter Schokoladen Manufaktur
>
> 그라츠에서 차로 1시간 거리에 있는 조터 초콜릿 공장은 그야말로 초콜릿 마니아의 천국이다. 초콜릿 시식 투어, 유기농 농장, 핫도그 가판대, 레스토랑 등 잘 꾸며놓은 시설과 다양한 체험 거리는 현지인의 높은 관심을 끌고 있다. 투어는 홈페이지에서 예약할 수 있으니 참고하자.
>
> ▶ www.zotter.at
>
>

• 어디에서 사야 할까? •

SPAR 스파
1932년 네덜란드에서 시작된 브랜드로 오스트리아는 물론 4개 대륙 48개국 이상에서 만날 수 있다.

BILLA 빌라
오스트리아에서 설립된 슈퍼마켓으로 약 1300개 지점이 있으며 여러 유럽 국가에서도 볼 수 있는 체인이다.

HOFER 호퍼
독일 슈퍼마켓 체인 알디Aldi가 소유한 슈퍼마켓 소매 체인으로 오스트리아에는 약 530개 매장이 있다.

LIDL 리들
독일에서 생겨나 유럽을 대표하는 식품 소매업체 중 하나로 자리 잡은 리들은 오스트리아에서도 쉽게 찾을 수 있다.

AUSTRIA AREA

WIEN

빈

오스트리아의 수도이자 최대 규모의 도시, 빈. 전 유럽을 제 손안에 두었던 절대왕정 합스부르크가는 이곳을 무대로 활동하며 수많은 문화유산을 남겼고, 이는 그대로 후대 사람들에게 이 도시에 방문해야 할 이유가 되고 있다. 발길 닿는 곳곳 진한 커피 향이 흐르고, 눈길 닿는 곳곳 클림트와 에곤 실레의 작품이 시선을 끈다. 어떤 수식이 더 필요할까? 전 세계가 사랑에 빠진 문화와 예술의 도시 빈이다.

ⓘ TOURIST OFFICE
관광 안내소

Tourist-Info Flughafen
- 빈 국제공항 도착 층
- Wien Flughafen 1300 Schwechat
- 매일 09:00-18:00

Tourist-Info Wien
- 알베르티나 광장 옆
- Albertinaplatz/Maysedergasse 1010 Wien
- 매일 09:00-18:00

Tourist-Info Wien
- 알베르티나 미술관 도보 1분
- Albertina. 1, 1010 Wien
- 매일 09:00-18:00

· 찾아가기 ·

Airplane
항공

슈베하트 공항 Wien-Schwechat Flughafen이라 불리는 빈 국제공항 Vienna International Airport 은 빈 시내에서 약 18km 떨어진 슈베하트에 있다. 우리나라에서 빈으로 가는 직항 편은 대한항공에서 운항하며 12시간 30분 정도 소요된다. 이 외 루프트한자, 핀에어, 네덜란드항공, 터키항공 등 여러 항공사의 경유 편을 이용해 갈 수 있다. 빈 국제공항에 대한 자세한 정보는 www.viennaairport.com 참고.

빈 국제공항에서 시내로

1. 시티 에어포트 트레인 CAT City Airport Train

공항역 → 16분 소요, 30분 간격 운행 / 편도 €14.9, 왕복 €24.9, 15세 미만 무료 → 미테역 Wien Mitte

* 티켓은 공항역 CAT 카운터나 자동 발매기, CAT 홈페이지(www.cityairporttrain.com)에서 구입 가능

2. 기차

공항역 → 약 15~18분 소요, 30분 간격 운행 / 편도 €4.4 → 중앙역 Wien Hbf

* 티켓은 공항 매표소나 자동 발매기, ÖBB 홈페이지(www.oebb.at) 혹은 스마트폰 앱에서 구입 가능

3. 교외선 S-Bahn

공항역 → 약 23분 소요, 30분 간격 운행 / 편도 €4.4 → 미테역 Wien Mitte

* 티켓은 공항 매표소나 자동 발매기, ÖBB 홈페이지(www.oebb.at) 혹은 스마트폰 앱에서 구입 가능

4. 공항버스 Vienna Airport Lines

공항 도착 층 버스 정류장

- 약 30~40분 소요, 30분 간격 운행 → **VAL 1** 공항 → 빈 중앙역 Wien Hbf → 빈 서역 Wien Westbahnhof
- 약 25분 소요, 30분 간격 운행 → **VAL 2** 공항 → 모르친 광장 / 슈베덴 광장 Wien Morzinplatz / Schwedenplatz
- 약 40분 소요, 60분 간격 운행, 편도 €10.5, 왕복 €17.5 → **VAL 3** 공항 → 도나우젠트럼**의 빈 지벡슈트라세 Wien Siebeckstraße

* 티켓은 공항 매표소나 자동 발매기, ÖBB 홈페이지(www.oebb.at) 혹은 스마트폰 앱에서 구입 가능
* 비엔나 시티 카드 소지자는 €1 할인
** VAL 3 노선은 공항에서 출발해 5개 정류장을 거쳐 도나우젠트럼 Donauzentrum의 빈 지벡슈트라세 Wien Siebeckstraße 정류장까지 이동

5. 택시

도착 층 외부 택시 승강장 → 약 30분 소요, 요금 €35~55 → 호텔 등 원하는 목적지

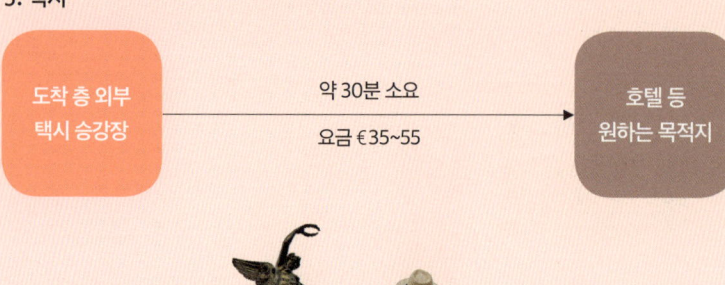

TRAIN
기차

빈은 동유럽과 서유럽을 잇는 관문과도 같은 도시로 오스트리아 국내 및 유럽 주요 도시와 연결되는 수많은 기차 노선을 갖추고 있다. 빈에는 3개의 주요 기차역이 있으며 출발지에 따라 중앙역Hauptbahnhof, 서역Westbahnhof, 마이들링역Meidling에 도착한다. 예전 남역Südbahnhof을 레노베이션해 대규모 역사로 재탄생한 중앙역은 서역 및 마이들링역에 정차하던 노선 대부분이 이곳으로 대체되어 가장 많은 노선이 다니는 곳이 되었다. 중앙역이 생긴 뒤 비중은 낮아졌지만 잘츠부르크, 인스부르크 등 오스트리아 국내 및 서유럽에서 출발하는 기차는 서역에, 오스트리아 남동부 및 동유럽에서 출발하는 기차는 마이들링역에도 도착한다. 모든 기차역에는 트램 및 지하철U-Bahn역이 있어 시내 어디로든 이동이 편리하다. 미테역은 공항과 시내를 연결하는 공항 철도, 교외선 등이 있으며 국내와 국외를 연결하는 노선은 없으니 주의하자.

HOT TIP 주요 도시~빈 기차 이동 시간

잘츠부르크	약 2시간 30분	인스부르크	약 4시간 15분
린츠	약 1시간 15분	그라츠	약 2시간 35분
프라하, 뮌헨	약 4시간	부다페스트	약 2시간 40분
베네치아	약 7시간 40분	취리히	약 7시간 50분

BUS
버스

비엔나 인터내셔널 버스 터미널VIB Vienna International Busterminal
오스트리아에서 가장 큰 버스 터미널로 에르트베르크Erdberg 지역에 있다. 지하철 U3 에르트베르크Erdberg역과 연결되며 대부분의 오스트리아 국내 및 독일, 이탈리아, 프랑스, 헝가리, 체코 등 국제 장거리 버스가 이곳에서 다닌다. 유로라인Eurolines, 플릭스버스Flixbus, ÖBB-인터시티버스ÖBB-Intercitybus 등을 이용할 수 있다. 좀 더 자세한 사항은 vib-wien.at 참고.

비엔나 버스 터미널 스타디온 센터 Vienna Bus Terminal Stadion Center
지하철 U2 스타디온Stadion역과 연결되며 아르다 투르Arda Tur 버스가 운행하는 체코 프라하, 부다페스트, 불가리아 외에도 다양한 회사 버스를 이용해 150개가 넘는 유럽 도시로 이동할 수 있다. 좀 더 자세한 사항은 www.busterminal-vienna.at 참고.

비엔나 중앙역 버스 터미널 Vienna Hbf (Südtiroler Platz)
빈 중앙역 바로 옆에 있는 버스 터미널로 레지오젯RegioJet 버스를 이용해 체코 프라하, 브르노Brno 등으로 갈 수 있다. 물론 빈 중앙역에서 기차로 이동할 수도 있다.

RENT A CAR
렌터카

오스트리아 주요 도시인 잘츠부르크, 인스부르크, 린츠에서 고속도로 A1, 그라츠에서 A2와 연결된다. 빈 구시가 도로는 트램과 차선이 혼재되어 있어 운전하기가 쉽지 않아 주의가 필요하니 도시 안에서는 차를 세워두고 대중교통을 이용하는 것이 좋다.

HOT TIP 주요 도시~빈 자동차 이동 시간

잘츠부르크	약 2시간 50분
인스부르크	약 4시간 30분
린츠, 그라츠	약 2시간 10분
프라하	약 3시간 30분
부다페스트	약 2시간 30분

· 시내 교통 ·

빈은 시내 곳곳을 연결해주는 지하철, 교외선 S-Bahn, 트램 Strassenbahn, 버스 등 대중교통 시스템이 잘 갖춰진 도시다. 도보로 다닐 만한 관광지가 많지만 대중교통을 잘 활용하면 좀 더 편한 관광을 즐길 수 있다. 교통권 1장으로 모든 대중교통을 이용할 수 있으며 지하철역의 티켓 자동판매기, 담배 가게 Tabak Trafik, 빈 교통국 온라인 숍(shop.wienmobil.at/en/products)에서 구입할 수 있다. 사용 전 반드시 개찰구에 각인한 뒤 이용해야 하니 주의하자. 좀 더 자세한 정보는 www.wienerlinien.at 참고.

교통권 종류	요금
1회권	€2.4(버스에서 구입 시 €2.6)
24시간권	€8
48시간권	€14.1
72시간권	€17.1
주간 패스	€17.1(시작 월요일 자정~그 다음 주 월요일 09:00까지)

U-BAHN
지하철

빈의 지하철 우반 U-Bahn은 5개 노선이 있으며 우리나라처럼 색상으로 구분하고 있다. 1, 2, 4호선이 모두 지나는 주요 환승역인 카를스플라츠 Karlsplatz역을 중심으로 빈 곳곳으로 연결되는 많은 지하철역이 있다.

호선 및 색상	노선	노선별 인근 주요 명소
U1(빨강)	오벌라 Oberlaa역 ↔ 레오폴다우 Leopoldau역	성 슈테판 대성당, 빈 중앙역
U2(보라)	카를스플라츠 Karlsplatz역 ↔ 제슈타트 Seestadt역	시청, 박물관 지구
U3(주황)	오타크링 Ottakring역 ↔ 시머링 Simmering역	성 슈테판 대성당, 미테역, 빈 서역
U4(초록)	휘텔도르프 Hütteldorf역 ↔ 하일리겐슈타트 Heiligenstadt역	쇤브룬 궁전, 나슈마르크트, 미테역
U6(갈색)	지벤히르텐 Siebenhirten역 ↔ 플로리츠도르프 Floridsdorf역	빈 서역

* 5호선은 2027년 개통 예정

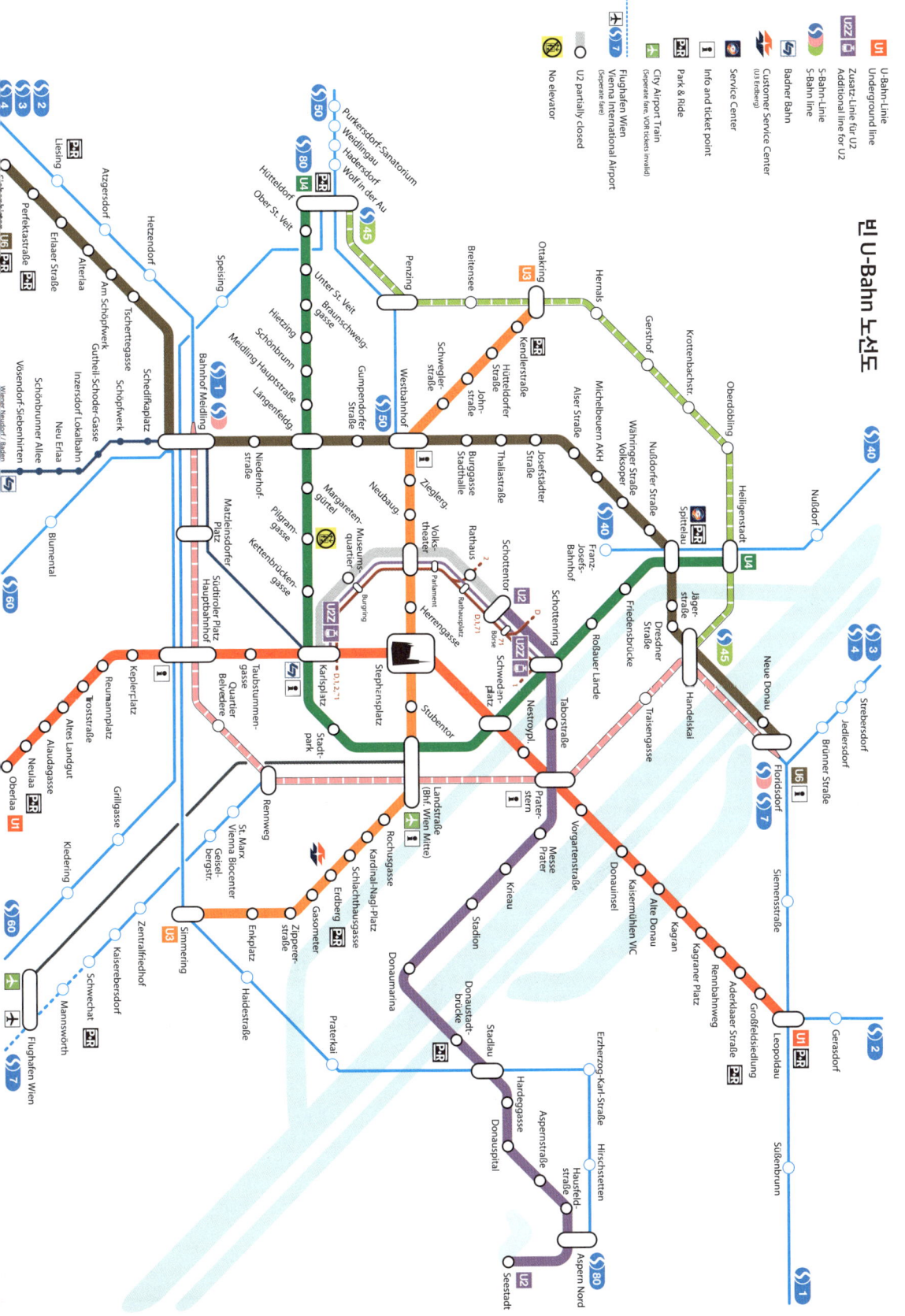

STRASSENBAHN
트램

트램은 독일어로 스트라센반Strassenbahn이며 빈은 30개 노선을 갖춘 큰 규모의 트램 네트워크를 자랑한다. 트램 대부분은 시내 중심을 지나기 때문에 빈 관광에서 빼놓을 수 없는 교통수단으로 링도로 및 왕궁, 국회의사당, 빈 국립오페라극장 등을 오가는 1, 2번 트램과 벨베데레 궁전, 시청, 그린칭 초입까지 연결되는 D번 등 주요 노선을 기억해두면 편리하다.

TAXI
택시

빈에서 택시를 이용할 경우 호텔에 요청하거나 시내 택시 승강장에서 탑승하면 된다. 택시 기본요금은 월~토요일 €3.8, 야간 및 일요일은 €4.3이다. 첫 4km는 km당 €1.42이며 5km부터는 km당 €1.05씩 추가된다.

S-BAHN
교외선

빈 시내와 외곽을 이어주는 교외선으로 11개 노선이 있다. 특히 미테역과 빈 국제공항을 연결하는 S7번은 관광객에게 유용한 노선이다.

BUS
버스

빈의 버스는 시내에서 외곽까지 연결하는 약 129개의 다양한 노선을 갖추고 있으나 좀 더 편리하게 이용할 수 있는 지하철과 트램에 비해 여행자들의 이용 빈도는 낮은 편이다. 26개 야간 버스 노선을 00:30~05:00까지 30분 간격으로 운행하고 있어 새벽에 이동하거나 빈 외곽으로 갈 때 유용하다.

HOP-ON HOP-OFF
홉온홉오프

비엔나 사이트시잉 투어 Vienna Sightseeing Tour

빈의 주요 명소를 좀 더 편하고 자유롭게 관광할 수 있는 2층 버스다. 블루, 옐로, 레드 3개 노선이 있으며 1개 티켓으로 모두 이용할 수 있고 옐로 라인을 이용하면 쇤브룬 궁전으로 갈 수 있다. 중간에 내리지 않고 쭉 타고 관광할 경우 레드 라인 60분, 옐로 라인 75분, 블루 라인은 120분 소요된다. 오디오 가이드도 제공하나 한국어는 없으며 비엔나 패스 소지자는 무료로 이용할 수 있다. 좀 더 자세한 정보는 www.viennasightseeing.at/en/hop-on-hop-off 참고. 비엔나 사이트시잉 투어 버스 외에 빅 버스 투어Big Bus Tours Wien에서 운행하는 관광버스도 있다.

	24시간	48시간	72시간
성인	€37	€39	€55
어린이(6~16세)	€20	€25	€30
패밀리 (성인 2인+어린이 2인)	€89	€109	€139

빅 버스 투어 Big Bus Tours Wien

홍콩, 런던, 뉴욕 등 전 세계 25개 도시에서 운행 중인 붉은색 2층 투어 버스 '빅 버스'가 빈에도 있다. 빈 국립 오페라극장, 훈데르트바서 하우스 등 관광지 대부분을 지나기 때문에 빅 버스 투어만 제대로 활용해도 빈 관광을 알차게 누릴 수 있다. 총 2개 노선이 있는데 티켓 하나로 두 노선 모두 이용할 수 있으며 정해진 시간 안에 재탑승도 가능해 더욱 편리하다. 예를 들어 24시간권을 구입하고 오늘 오후 3시에 티켓을 처음 사용했다면 내일 오후 2시 59분까지 언제든, 몇 번이든 탑승할 수 있다. 48시간 투어 중 리버 크루즈 또는 자이언트 관람차 탑승이 포함된 익스플로러Explore 티켓보다 기본 코스만 돌아보는 에센셜Essential 티켓이 좀 더 인기가 높다. 자세한 정보는 홈페이지 www.bigbustours.com/en/vienna/vienna-bus-tours를 참고하자.

	Discover	Essential	Explore	Evening
	24시간	48시간	48시간	1시간 저녁 투어
성인	€41	€45.9	€54.9	€31
5~15세	€25	€27	€36	€25

HOT TIP 비엔나 시티 카드 Vienna City Card

빈의 대중교통(지하철, 트램, 버스)을 무제한으로 이용할 수 있으며 관광 명소 및 상점, 카페, 레스토랑, 극장 등 210개 이상의 곳에서 할인 혜택을 받을 수 있다. 할인율은 10~30%로 각기 다르다. 비엔나 시티 카드는 24시간, 48시간, 72시간권으로 나뉘고 옵션으로 공항 왕복 교통편과 투어 버스를 추가할 수 있다. 호텔 또는 관광 안내소, 비엔나 시티 카드 홈페이지(www.viennacitycard.at)에서 구입할 수 있으며, 모바일 앱(ivie-Vienna Guide 또는 ÖBB)으로 구입할 경우 실물 카드가 아닌 모바일폰용 카드를 발급받아 더욱 편리하게 이용할 수 있다.

종류	비엔나 시티 카드			
	기본	공항 왕복 교통 추가	투어 버스 추가	공항 왕복 교통+투어 버스 추가
24시간권	€17	€39	€48	€70
48시간권	€25	€47	€56	€78
72시간권	€29	€51	€60	€82

HOT TIP 비엔나 패스 Vienna Pass

쇤브룬 궁전, 알베르티나 미술관, 미술사 박물관, 왕궁 보물관, 레오폴트 미술관, 투어 버스 등 90개 이상의 빈 어트랙션 및 박물관을 무료로 이용할 수 있다. 비엔나 패스는 저렴한 편이 아니기에 빡빡한 일정으로 많은 곳을 둘러볼 경우에 추천한다. 비엔나 플렉시 패스는 관광지 2~5곳 중 원하는 곳을 선택해 이용하는 패스이며, 약 60곳을 무료 입장할 수 있다. 구입 시 실물 티켓 대신 모바일 패스를 선택하면 따로 교환할 필요가 없어 편리하다. 좀 더 자세한 정보는 www.viennapass.de/en 참고.

종류	비엔나 패스		종류	비엔나 플렉시 패스	
	성인	6~18세		성인	6~18세
1일권	€80	€42	2곳	€44	€24
2일권	€114	€58	3곳	€60	€33
3일권	€143	€71	4곳	€76	€40
6일권	€179	€89	5곳	€89	€49

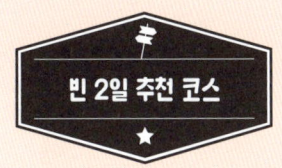

빈은 외곽에 위치한 쇤브룬 궁전이나 그린칭 등을 제외하면 주요 볼거리가 왕궁을 중심으로 모여 있어 도보로 돌아볼 수 있다. 빈을 가장 알차게 볼 수 있는 핵심 2일 코스를 소개한다.

· DAY 1 ·

1 하이든이 성가대원으로 활동했던
성 슈테판 대성당

도보 5분

2 12시 앙커 시계 필수 관람
호어 마르크트 광장

도보 6분

3 합스부르크 왕가의 안식처
왕궁

도보 3분

4 라파엘로, 루벤스의 작품을 볼 수 있는
미술사 박물관

도보 5분

5 에곤 실레와 클림트의 작품을 볼 수 있는
레오폴트 미술관

트램 40분

6 햇포도 와인 호이리게 즐기기
그린칭

097

왕궁 주변

· THINGS TO DO ·

구왕궁 둘러보기
13세기부터 이어온 합스부르크 왕가의 보금자리 구왕궁 천천히 돌아보기

시시 박물관 관람
비극적 죽음에 이른 엘리자베트 황후의 생애를 재현한 공간

화려한 황제의 아파트
온갖 화려한 장식으로 치장한 요제프 황제와 엘리자베트 황후의 거주지 관람

왕궁 정원 산책
합스부르크 왕가의 산책로, 모차르트 동상으로 유명한 왕궁 정원 산책

미술사 박물관 관람
루브르나 프라도 미술관과 견주어도 손색없는 세계 최고 수준의 명화 감상

레오폴트 미술관 관람
오스트리아가 낳은 아티스트 에곤 실레와 클림트의 팬이라면 주저 없이 방문

TRAVEL HIGHLIGHT

Hofburg
왕궁

합스부르크 왕가의 보금자리였던 왕궁, 호프부르크는 13세기부터 19세기까지 지어졌으며 오랜 세월만큼 각 시대의 건축양식과 왕족의 생활상을 그대로 담고 있다. 크게 구왕궁과 신왕궁으로 나뉘며 일부는 대통령 관저로 사용 중이다. 붉은 대리석의 스위스 문Schweizertor이 있는 건물은 왕궁에서 가장 오래된 스위스 궁으로, 이 문을 지나면 왕궁 보물관, 빈 궁정 예배당이 자리한다. 구왕궁은 미하엘 광장에 있는 왕궁 정문으로, 신왕궁은 성문인 부르크토어Burgtor를 통해 가는 것이 가깝다.

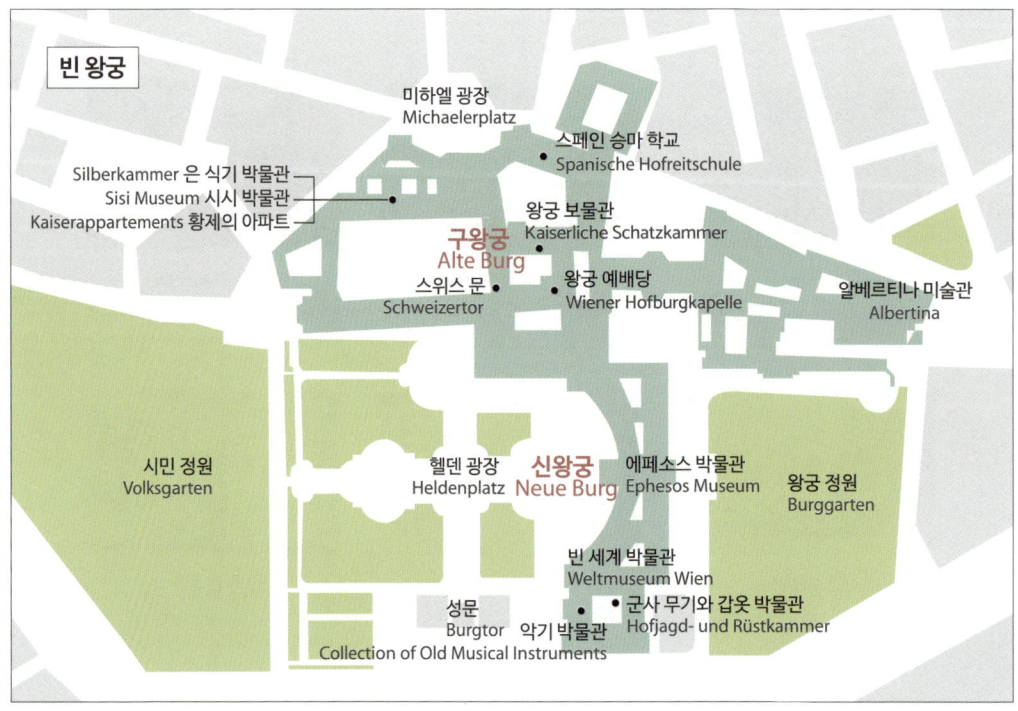

Alte Burg
구왕궁

합스부르크 왕가의 품격과 취향이 고스란히 남아 있는 구왕궁은 13세기부터 왕궁으로 쓰인 곳으로, 모든 통치자는 전 통치자의 거주지를 사용하지 않고 새로 지어야 하는 전통에 따라 오늘날의 웅장한 규모를 갖추게 되었다. 시시 박물관, 은 식기 박물관, 황제의 아파트, 스페인 승마 학교, 왕궁 보물관, 왕궁 예배당 등 주요 볼거리가 모여 있다.

📍 지하철 U3 헤렌가세Herrengasse역에서 도보 3분

Sisi Museum
시시 박물관

프란츠 요제프 1세와의 약혼에서부터 비극적 죽음에 이르기까지 엘리자베트 황후의 생활을 재현한 공간이다. '시시'라 불리던 그녀는 뛰어난 미모와 19인치의 가느다란 허리로도 유명하다. 황후의 드레스, 초상화, 운동했던 방, 수채화 상자 등 한때 그녀가 소유했던 수많은 물건을 볼 수 있다.

Silberkammer
은 식기 박물관

동이나 구리로 만든 흔한 주방 용품부터 귀중한 도자기, 크리스털 제품까지 약 7000점이 전시되어 있으며, 이 중 하이라이트는 페르디난트 1세 황제의 대관식을 위해 만든 30m 길이의 화려한 센터피스다.

> 은 식기 박물관, 시시 박물관, 황제의 아파트는 제국 수상 관저궁에 연결되어 있어 티켓 하나로 한번에 모두 둘러볼 수 있다.
>
> 📍 미하엘 광장에서 구왕궁 진입 후 바로 오른쪽
> 🕐 09:00-17:30
> € 성인 €19.5, 6~18세 €12, 비엔나 시티 카드 소지자 €18, 비엔나 패스 소지자 무료
> ▶ www.hofburg-wien.at

Kaiserappartements
황제의 아파트

프란츠 요제프 황제와 엘리자베트 황후의 거주지를 엿볼 수 있는 공간으로 로코코양식의 방은 크리스털로 만든 샹들리에와 스투코 장식으로 더욱 화려하다. 엘리자베트 황후가 아침 6시부터 운동에 열중했던 방, 다이닝 룸 등을 볼 수 있다.

Wiener Hofburgkapelle
왕궁 예배당

15세기에 지어져 악기, 합창단, 가수로 구성된 궁정음악의 토대가 된 곳으로, 일요일에는 예배당이 현지인과 관광객으로 더욱 붐빈다. 빈 소년 합창단과 빈 필하모닉 관현악단이 일요일 미사에 참석해 천상의 목소리와 아름다운 선율을 들려주기 때문이다. 좌석에 앉을 수 있는 미사 티켓은 홈페이지에서 예매할 수 있으며 9시 전에 도착해 미리 착석하도록 하자. 미사 중에 사진 촬영, 녹음은 금지하고 있다.

- 구왕궁 안뜰 스위스 문을 지나 오른쪽
- 월~화요일 10:00-14:00, 금요일 11:00-13:00(평일 관람), 일요일 미사 09:15-10:30
- www.hofmusikkapelle.gv.at

Kaiserliche Schatzkammer
왕궁 보물관

왕궁 보물관인 샤츠카머는 21개 방에 제국관, 망토, 의복, 요람, 검, 보물 등이 전시되어 있다. 이 중에서도 신성로마제국 제국관과 한 번도 쓰인 적 없는 오스트리아 왕실 제국관이 가장 유명하다. 발견 당시의 모양을 최대한 살려 만든 에메랄드 용기는 세계에서 가장 큰 에메랄드 중 하나로 꼽힌다.

- 구왕궁 안뜰 스위스 문을 지나 왼쪽
- 수~월요일 09:00-17:30, 화요일 휴관
- 성인 €16, 25세 이하 학생·65세 이상 €12, 비엔나 시티 카드 소지자 €15, 19세 이하 무료

Spanische Hofreitschule
스페인 승마 학교

전통 고등 승마술을 보존, 전수하는 세계 유일의 기관으로 여러 해 동안 훈련받은 리피차너 종의 백마와 기수는 연습 시간과 공연을 통해 세계 최고의 호흡과 기술을 일반인에게 공개한다. 매달 공연이 열리는 날짜와 시간이 다르고 티켓 가격은 좌석에 따라 €27~225까지 다양하니 홈페이지에서 확인하자.

- 미하엘 광장에서 구왕궁 진입 후 바로 왼쪽
- 매일 09:00-16:00, 오전 연습 10:00-11:00(행사가 있을 경우 시간 변동) 가이드 투어 10:00-16:00(매 시간마다(12시 제외), 월별로 운영 요일 다름, 홈페이지 참고)
- **오전 연습 관람** 성인 €18, 25세 이하 학생·65세 이상 €21, 6~18세 €18 **가이드 투어** 성인 €23, 25세 이하 학생·65세 이상 €19, 6~18세 €13

Neue Burg
신왕궁

오이겐 공과 카를 대공 동상이 마주 보고 서 있는 헬덴 광장 Heldenplatz에 반원형 형태로 놓인 건물이 신왕궁이다. 역사가 짧은 신왕궁은 합스부르크 왕가가 쇠락할 즈음에 완공되어 사용된 적은 없으며, 내부에는 에페소스 박물관, 이전에 민족학 박물관이었던 빈 세계 박물관은 악기 박물관 및 군사 무기와 갑옷 박물관으로 사용되고 있다.

- 지하철 U2 뮤제움스 콰르티어Museums Quartier역에서 도보 6분 / 트램 D, 1, 2, 71번 부르그링 Burgring역에서 도보 3분

Ephesos Museum
에페소스 박물관

고대 로마제국의 아시아 주도였던 에페소스에서 발굴한 유물을 전시하고 있다. 에페소스는 해상무역과 아르테미스 신전을 찾는 순례자 덕분에 로마 다음으로 크게 성장한 도시였다. 이곳에서 눈여겨볼 것은 전시실 안쪽에 있는 파르티아 원정 기념비, 운동선수 청동상 등이다. 에페소스 박물관은 단독 입장 티켓은 없으며 오스트리아 역사관 입장권을 구입해서 들어가면 된다.

- 금~수요일 10:00-18:00, 목요일 10:00-21:00
- 성인 €9, 27세 이하 학생 €7, 19세 이하 무료

Weltmuseum Wien
빈 세계 박물관

유럽 외 지역의 컬렉션을 소장하는 민족학 박물관으로 2022년에는 한·오스트리아 수교 130주년 기념으로 이곳에서 '책거리' 전시가 열리기도 했다. 지층 일부 공간은 임시전이 열리고 메자닌 층에 자리한 전시관에서는 메소아메리카, 인도네시아, 중국, 브라질 등의 문화를 엿볼 수 있다. 악기 박물관과 군사 무기와 갑옷 박물관은 빈 세계 박물관 1층(우리나라 2층)과 연결된다.

- 수~일요일 10:00-18:00, 화요일 10:00-21:00, 월요일 휴관
- € 성인 €16, 25세 이하 학생·65세 이상 €12, 비엔나 시티 카드 소지자 €15, 19세 이하 및 비엔나 패스 소지자 무료
- www.weltmuseumwien.at

Collection of Old Musical Instruments
악기 박물관

악기 박물관은 페르디난트 2세의 수집품과 오비지Obizi가의 소장품으로 이루어진 르네상스와 바로크 시대의 최고 악기 컬렉션을 선보인다. 하이든, 모차르트, 슈베르트 등을 테마로 꾸민 방을 비롯해 시대별로 악기의 흐름을 파악할 수 있어 좋다. 전시된 악기들이 모두 하나의 예술 작품으로 방문해볼 만한 충분한 가치가 있다

Hofjagd- und Rüstkammer
군사 무기와 갑옷 박물관

수백 년 동안 유럽 최고 권좌에 있었던 오스트리아 왕실의 무기와 갑옷을 비롯해 사라예보 사건에서 사용한 권총, 나치 독일에서 사용한 무기 등 다양한 전시품을 자랑한다. 합스부르크 왕가만큼 유럽의 많은 국가와 연결된 왕실이 없었기에 수집품의 양이 워낙 방대해서 군사 무기와 갑옷 박물관은 약 12개 방으로 구성되어 있다. 15세기 초부터 20세기에 이르기까지 방문자의 흥미를 끌기에 충분한 갑옷과 무기가 잘 전시되어 있으니 역사와 군사에 관심이 있다면 한번 들러보자.

Burggarten
왕궁 정원

신왕궁 뒤쪽에 있는 합스부르크가의 정원으로 1818년 프란츠 2세 황제가 1세 황제를 기리며 조성했고 1848년 프란츠 요제프 1세 황제에 의해 조금씩 규모가 커졌다. 제1차 세계대전 이후 합스부르크 왕가가 몰락하며 대중에게 개방되었는데, 정원 내에 있는 높은음자리표 모양으로 가꾼 화단과 모차르트 동상이 유명하다. 이 동상은 원래 오페라하우스 광장에 있었는데, 전쟁 때 파손되었던 것을 복구해 이곳으로 옮겼다. 동상 뒷면에는 모차르트의 유년기를 그린 조각이 새겨져 있으니 잘 살펴보자. 왕궁 정원 옆에는 왕궁의 온실로 사용되었던 건물을 개조해 레스토랑으로 만든 팔멘하우스가 자리 잡고 있다.

- 지하철 U2 뮤제움스 콰르티어Museums Quartier역에서 도보 6분
- 4~10월 06:00-22:00, 11~3월 07:00-17:30

Kunsthistorisches Museum
미술사 박물관

합스부르크 왕실의 수집품을 근간으로 한 웅장한 박물관으로 유럽 미술사를 한눈에 볼 수 있다. 세계 최고 수준의 회화 작품을 소장하고 있어 루브르나 프라도 미술관과 견주어도 손색이 없을 정도다. 사암으로 지은 외관도 멋지지만 내부는 다양한 색의 대리석으로 꾸며져 있어 10배는 더 화려하다. 로비를 지나 중앙 계단을 올라가면 안토니오 카노바의 '테세우스와 켄타우로스' 대리석상이 반겨주며, 2층으로 올라가면 중앙에 카페가 있어 쉬어 가면서 관람할 수 있다. 카라바조, 틴토레토, 라파엘로, 루벤스, 뒤러, 루카스 크라나흐, 안드레아 만테냐 등 입이 벌어지는 대가들의 작품이 수두룩하고, 네덜란드 최고의 풍속 화가로 꼽히는 피터르 브뤼헐의 작품도 있으니 놓치지 말고 찾아보자. 이 외에도 이집트, 그리스와 로마, 조각 및 장식 예술, 고대 악기, 동전, 무기 및 갑옷 컬렉션 등 다양한 전시품이 있다.

- 지하철 U2 뮤제움스 콰르티어Museums Quartier 역에서 도보 2분 / 트램 D, 1, 2, 71번 부르거링Burgring 정류장에서 도보 2분
- 화~수요일, 금~일요일 10:00-18:00, 목요일 10:00-21:00, 월요일 휴관
- 성인 €21, 25세 이하 학생·65세 이상 €18, 19세 이하 무료
- www.khm.at

· 브뤼헐의 작품 ·

농부의 결혼식

눈 속의 사냥꾼

바벨탑

사육제와 사순절의 싸움

· 기타 작품 ·

벨라스케스, '푸른 드레스를 입은 마르가리타 공주'

주세페 아르침볼도, '여름'

라파엘로, '초원의 성모'

Naturhistorisches Museum
자연사박물관

마리아 테레지아 광장에 빈 미술사 박물관과 쌍둥이처럼 나란히 마주 보고 있는 자연사박물관은 2만 5000년 전 구석기시대 유물인 '빌렌도르프의 비너스'를 비롯해 공룡 화석, 세계에서 가장 크고 오래된 운석은 물론 광석, 동물, 곤충, 어류, 각종 생물 표본, 인류 진화 과정 등 2000만 점의 방대한 수집품을 자랑한다. 125주년을 기념해 만든 디지털 천문관 플라네타륨Planetarium은 별도의 입장료를 내야 하며 여러 프로그램 중 라이브 쇼는 그룹을 제외하고 독일어로만 제공하니 참고하자.

- 지하철 U2, U3 폭스테아터Volkstheater역에서 도보 3분
- 목~월요일 09:00-18:00, 수요일 09:00-20:00, 화요일 휴관, 12월 25일·1월 1일 휴관
- 성인 €18, 65세 이상·비엔나 시티 카드 소지자 €14, 19~25세 학생 €14, 19세 미만 무료

MuseumsQuartier Wien, MQ
빈 박물관 지구

빈 박물관 지구는 합스부르크 왕실의 마구간과 마차를 세워뒀던 부지를 미술관 단지로 조성한 곳이다. 안으로 들어가면 넓은 안마당이 나오고 대형 건물 2채가 서 있는데, 왼쪽 건물이 레오폴트 미술관, 오른쪽 건물이 무목MUMOK이다. 레오폴트와 무목을 양옆에 두고 가운데에 있는 고전적 외관의 건물은 탄츠크바르티어 빈Tanzquartier Wien으로 현대무용을 위한 공간이다. 에곤 실레Egon Schiele의 작품을 가장 많이 소장하고 있는 레오폴트 미술관 관람은 필수이며, 현대미술에 관심이 많다면 무목도 건너뛸 수 없을 만큼 인상적인 작품이 많다.

- 지하철 U2 뮤제움스 콰르티어Museums Quartier 역에서 도보 1분

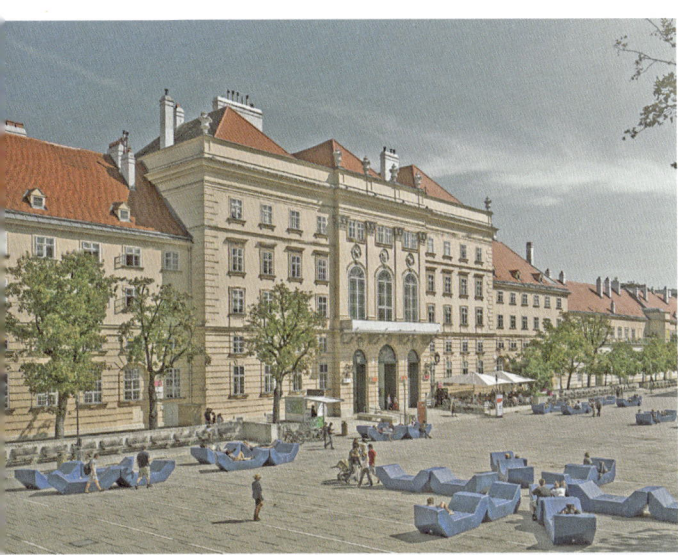

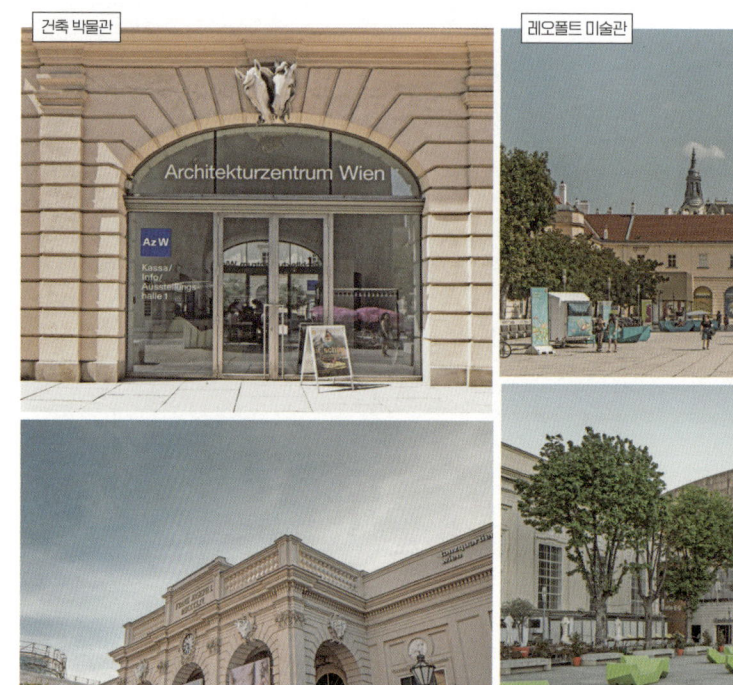

장소	단일 티켓(성인 기준)	콤비 티켓(성인 기준)
레오폴트 미술관 Leopold Museum 수~월요일 10:00-18:00 화요일 휴관	€17	MQ FAB4 €29.9
쿤스트할레 빈 Kunsthalle Wien 화~토요일 12:00-18:00 일~월요일 휴관	€8	
건축 박물관 Architekturzentrum Wien 매일 10:00-19:00	€9	
무목 MUMOK 화요일, 목~일요일 10:00-18:00 수요일 10:00-20:00 월요일 휴관	€15	

▶ www.mqw.at

Leopold Museum
레오폴트 미술관

약 6000점의 작품이 있는 레오폴트 미술관은 예술에 대한 남다른 열정을 지닌 레오폴트 부부가 50년 동안 만든 컬렉션으로 19세기 후반 오스트리아의 중요한 예술 작품을 소장하고 있다. 이곳이 주목받는 이유는 1960년 때까지 금기시되었던 에곤 실레와 클림트의 작품이 주를 이루기 때문이다. 특히 에곤 실레의 작품은 세계에서 가장 많은 220여 점을 소장하고 있다. 성과 사랑의 이야기를 자유로운 느낌으로 표현한 드로잉과 거친 모습의 자화상은 눈을 뗄 수 없게 만든다. 클림트의 화풍에 매료된 실레는 그와 비슷한 성향의 그림도 그렸으니 서로의 그림을 비교해가며 관람해보는 재미도 쏠쏠하다.

- 지하철 U2 뮤제움스 콰르티어Museums Quartier역에서 도보 5분
- 수~월요일 10:00-18:00, 화요일 휴관
- 성인 €17, 비엔나 시티 카드 소지자 €14.5

MUMOK
루드비히 재단 현대미술관

유럽에서 가장 큰 현대미술관으로 현대미술을 좋아한다면 이곳을 놓치지 말자. 현무암으로 만든 네모난 상자 모양의 건물이 눈에 띄는 곳으로 클래식 모던 작품부터 팝아트, 플럭서스Fluxus, 빈 액셔니즘Vienese Actionism까지 폭넓은 전시 작품을 선보인다. 총 9000여 점의 작품이 있고 백남준, 피카소, 울프 보스텔 등 세계 유명 아티스트의 작품을 만나볼 수 있다. 시즌별로 테마에 따라 작품을 전시하고, 정기적으로 특별 전시회도 주최한다.

- 지하철 U2 뮤제움스 콰르티어Museums Quartier역에서 도보 7분
- 화요일, 목~일요일 10:00-18:00, 수요일 10:00-20:00, 월요일 휴관
- 성인 €15, 27세 이하 학생 · 65세 이상 €11.5, 19세 미만 · 비엔나 패스 소지자 무료

PALMENHAUS
팔멘하우스 |카페, 바, 레스토랑|

왕궁 온실로 활용되던 곳으로 실내에 들어서는 순간 하얀 건물에 탁 트인 높은 아치형 천장과 큰 유리창, 야자수 등 곳곳에 놓인 키 큰 식물들이 눈길을 사로잡는다. 따뜻한 햇살과 푸릇푸릇한 식물 사이에서 식사를 하면 마치 숲속에 와 있는 듯한 착각을 일으킨다. 식사를 굳이 하지 않아도 커피 한 잔으로도 이곳의 분위기를 만끽할 수 있으니 근처를 지난다면 한번 들러볼 만하다. 아침이면 실내까지 햇살이 가득하고, 노을 지는 시간에는 실내가 황금빛으로 물들며 로맨틱한 분위기를 자아내 특히 커플에게 인기가 많다. 아침부터 하루 종일 붐비는 곳이니만큼 예약은 필수다.

- 📍 왕궁 정원Burggarten에서 도보 2분
- 🏠 Burggarten 1, 1010 Wien
- 🕐 월~금요일 10:00-23:00(주방 마감 21:30), 토~일요일 09:00-23:00(주방 마감 21:30)
- € 멜랑쉬 €4.9, 아인슈페너 €5.4

VEGANISTA ICE CREAM
비거니스타 아이스크림 |아이스크림|

빈 시내에만 5개 이상의 지점을 가진 아이스크림 전문점으로 전 메뉴가 비건 아이스크림이지만 보통의 아이스크림 전문점보다 종류가 다양해 큰 인기다. 피스타치오, 쿠키 & 크림, 화이트 누가 등이 맛있으며 유제품을 사용하지 않는 비건이라고 믿기지 않을 정도로 진하고 재료 본연의 맛이 잘 느껴진다. 라벤더가 이 집의 시그너처 메뉴다.

- 📍 지하철 U2, U3 폭스테아터Volkstheater역에서 도보 4분
- 🏠 Neustiftgasse 23, 1070 Wien
- 🕐 월~목요일 12:00-21:00, 금~일요일 12:00-22:00, 시간 자주 변동, 비정기 휴무
- € 스쿱 €2.3 + 스페셜 €0.5

Restaurant & Cafe

FÜRTH KAFFEE
퓌르트 커피　|카페|

세계 각국에서 공수해온 원두를 직접 로스팅해 제공하는 커피는 현지인도 입을 모아 빈 최고의 커피라고 칭찬을 마다하지 않는 곳이다. 필터 커피, 에스프레소, 카푸치노, 콜드 브루 등 다양한 커피를 제공하고, 이것들 중 어느 하나 흠잡을 데가 없다. 당근 케이크와 크루아상, 쿠키도 있어 간단한 한 끼도 해결할 수 있는 곳으로 편안한 분위기에 생기 넘치는 바리스타들의 훌륭한 서비스로 나날이 사랑받고 있다.

- 지하철 U2, U3 폭스테아터 Volkstheater 역에서 도보 5분
- Kirchengasse 44, 1070 Wien
- 화~일요일 09:00-18:00, 월요일 휴무
- € 에스프레소 €2.4, 카푸치노 €3.8

ULRICH
울리히　|카페, 브런치|

따뜻한 아침 햇살과 건강식 브런치로 여행의 시작을 맞이하고 싶다면 울리히를 추천한다. 다양한 과일이 함께 나오는 팬케이크 플레이트가 인기이며, 아보카도 오픈 샌드위치와 수제 그래놀라도 추천 메뉴다. 날씨가 좋다면 테라스에서 먹는 것도 좋으나 흡연 장소이므로 냄새가 신경 쓰인다면 실내에 머물자. 브런치 메뉴는 평일 12시, 주말은 오후 3시까지이며 그 이후는 스테이크, 버거 등 런치 메뉴를 주문할 수 있다.

- 지하철 U2, U3 폭스테아터 Volkstheater 역에서 도보 5분
- Sankt-Ulrichs-Platz 1, 1070 Wien
- 월~금요일 07:30-01:00, 토~일요일, 공휴일 09:00-01:00
- € 버거류 €15~, 풀 브렉퍼스트 €7.5~

빈 국립 오페라극장 주변

· THINGS TO DO ·

벨베데레 궁전 방문
빈에 왔다면 클림트의 '키스'는 놓치지 말자, 벨베데레 궁전 상궁 필수 방문!

오리지널 토르테 즐기기
1832년 처음 토르테를 개발한 카페 자허에서 토르테를 먹으며 달콤한 휴식

게르스트너 브런치 타임
황실에 케이크와 초콜릿을 납품하던 곳에서 누리는 고품격의 브런치

비트징거 핫도그 맛보기
〈배틀트립〉에 나왔던 그곳, 바게트 사이에 소시지가 쏙! 핫도그 맛보기

빈 국립 오페라극장 공연 감상
커피 한 잔 값으로 즐기는 세계적 수준의 오페라 감상

나슈마르크트 방문
늦은 밤에도 출출한 배를 채우기 좋은 곳, 전통 시장 나슈마르크트

TRAVEL HIGHLIGHT

Wiener Staatsoper
빈 국립 오페라극장

빈 국립 오페라극장은 밀라노, 파리 오페라극장과 함께 세계 3대 오페라하우스로 꼽힌다. 영화 〈미션 임파서블: 로그네이션〉 초반에 투란도트의 아리아 중 가장 유명한 '네순도르마'가 흐르며 싸움과 총격 장면이 나오는데, 그 배경이 바로 이곳이다. 신르네상스 양식의 극장에서는 매년 7~ 8월을 제외하고 약 300일 동안 오페라와 발레 공연이 펼쳐진다. 티켓 가격은 공연, 좌석 위치 등에 따라 천차만별이며 커피 한 잔 값으로 즐길 수 있는 공연도 많다.

📍 지하철 U1, U2, U4 카를스플라츠Karlsplatz역에서 도보 3분

TIP 백 스테이지 가이드 투어

매일매일 다른 레퍼토리의 공연을 올리는 빈 국립 오페라극장 백 스테이지를 볼 수 있는 투어다. 약 40분간 진행되는 투어에서 건물의 역사, 건축, 운영 방법 등에 대해 들을 수 있으며 셀 수 없이 많은 의상이 보관된 장소, 의상 제작 공간, 무대 뒤 장치 등 흥미로운 요소를 볼 수 있다. 투어 요금은 성인 기준 1인 €9이고 예약은 전화 +43 1 51444 2606 또는 이메일 tours@wiener-staatsoper.at로 가능하다.

Albertina
알베르티나 미술관

1776년 창설된 알베르티나 미술관은 마리아 테레지아 여제의 사위인 알베르트 공작의 수집품으로 꾸며졌으며, 합스부르크가의 궁전이었던 호프부르크 왕궁 일부에 자리 잡고 있다. 약 1400년부터 수집한 미켈란젤로, 렘브란트 등의 100만 점이 넘는 그래픽아트와 6만 점에 이르는 소묘를 소장하고 있으며, 특히 유명한 것은 알브레히트 뒤러Albrecht Durer의 수채화 '토끼' 등이다. 모네에서 피카소까지 세계 근대미술의 150년 역사를 한눈에 볼 수 있는 작품을 이곳에서 유일하게 상설 전시한다. 화려했던 왕궁 모습을 완벽하게 복구한 20개의 접견실은 유럽에서 가장 아름답고 고전적인 호프부르크 왕궁의 옛 모습을 생생하게 보여준다.

- 지하철 U1, U3 슈테판스플라츠Stephansplatz역에서 도보 6분
- 매일 10:00-18:00
- 성인 €19.9, 26세 이하 성인·65세 이상 €15.9, 19세 미만 무료
- www.albertina.at

알브레히트 뒤러의 '토끼'

Haus der Musik
하우스 오브 뮤직

체험형 음악 박물관으로 클래식 음악은 재미없고 지루하다는 편견을 깨기 위해 다양한 프로그램을 제공한다. 1층은 빈 필하모닉 박물관으로 무엇보다 소극장에서 신년 음악회를 감상할 수 있어 좋다. 2층은 소리에 대해 다양한 체험을 할 수 있는 공간이며 3층에서는 모차르트, 하이든, 베토벤, 슈베르트 등 위대한 음악가들을 한자리에서 만날 수 있고, 4층은 가상 무대를 통해 오페라 연출을 할 수 있다. 직접 체험해볼 수 있는 멀티미디어 시설은 아이들에게 인기 만점이니 아이를 동반한 여행객이라면 꼭 방문해보자.

- 빈 국립 오페라극장에서 도보 5분
- 매일 10:00-22:00
- 성인 €17, 27세 이하 학생·60세 이상 €13, 12세 미만 €7
- www.hausdermusik.com

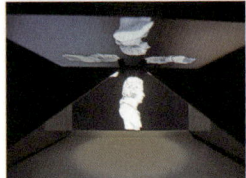

Secession
제체시온

보수적이고 폐쇄적인 예술가 협회에서는 작품을 발표하기 어려워지자 1897년 구스타프 클림트Gustav Klimt를 주축으로 자신들의 전람회를 기획하고 조직하기 위해 창립한 예술가 집단 '분리파'의 전시장이다. 1898년에 첫 전시회를 개최했고 지금까지도 젊은 화가들과 외국 작품 등을 소개하며 많은 관람객을 모으고 있다. 이곳을 대표하는 예술 작품으로는 지하에 있는 베토벤 교향곡 9번 4악장 '환희의 송가'를 시각적으로 표현한 클림트의 벽화 '베토벤 프리즈'이며, 입구 정면의 '모든 시대에는 그 시대의 예술을, 예술에는 자유를'이라는 분리파 정신을 담은 황금색 글귀가 인상적인 곳이다.

- 지하철 U1, U2, U4 카를스플라츠Karlsplatz역에서 도보 5분
- 화~일요일 10:00-18:00, 월요일 휴관
- 성인 €12, 65세 이상 €10, 12세 미만 무료, 비엔나 패스 소지자 무료
- www.secession.at

Otto Wagner Pavillon Karlsplatz
오토 바그너 전시관

오스트리아 근대건축의 선구자로 꼽히는 오토 바그너Otto Wagner가 설계한 역사로, 현재는 오토 바그너의 업적과 생애, 카를스플라츠의 기차 역사를 주제로 한 전시관이다. 1898년에 지어졌으며 역사로 세운 건물 맞은편에 똑같은 디자인의 건물이 하나 더 만들어졌다는 것이 독특하다. 해바라기 모양의 화려한 아치형 지붕과 밝은 녹색, 금색, 흰색의 조화가 인상적인 아르누보Art Nouveau 양식을 대표하는 건축물로 평가받는다. 봄부터 가을만 오픈하니 참고하자.

- 지하철 U1, U2, U4 카를스플라츠Karlsplatz역에서 도보 4분
- 4~10월 금~일요일 10:00-13:00 & 14:00-17:00, 월~목요일, 5월 1일 휴관
- 성인 €5, 비엔나 시티 카드 소지자 €4, 19세 미만 무료
- www.wienmuseum.at/otto_wagner_pavillon_karlsplatz

Musikverein Wien
무지크페라인 빈

해마다 빈 필하모닉 오케스트라의 신년 음악회가 열리는 곳으로 우리나라 말로는 '빈 음악 협회'다. 무엇보다 이곳의 황금 홀은 세계에서 가장 뛰어난 음향 시설을 갖춘 연주 홀 중 하나로 꼽힌다. 1870년 신고전주의 양식 건물로 지어졌을 당시에는 대공연장인 황금 홀과 600석 규모의 브람스 홀만 있었으며 2004년에 4개 홀이 더 생겼다. 음악 애호가가 아니더라도 황금 홀에서 한 번쯤 온몸으로 느끼는 감동 속으로 들어가보길 권한다. 인터미션 때는 모든 사람이 나와 카페에서 와인, 샴페인, 다과 등을 즐기는데 카페에서도 사진 촬영은 금지이니 매너를 꼭 지키자. 공연장이 궁금하다면 약 45분간 진행되는 투어를 신청하면 되는데 영어와 독일어, 날짜에 따라 중국어로도 진행한다.

- 지하철 U1, U2, U4 카를스플라츠Karlsplatz역에서 도보 5분
- 영어 가이드 투어 월~토요일 10:00-13:00 시작(날짜별 상이), 일요일 휴무
- € €10
- www.musikverein.at

Wiener Konzerthaus
빈 콘서트홀

건축가 페르디난트 펠너와 헤르만 헬머가 설립한 오스트리아 빈을 대표하는 콘서트홀이다. 1913년 당시에는 가장 현대적인 건물 중 하나였고, 프란츠 요제프 황제 앞에서 연주한 것이 이곳의 첫 공연이었다. 한 시즌 동안 약 750회의 공연이 열리고 60만 명 이상의 관객이 방문한다. 홀과 계단은 약 4000명의 사람이 붐비지 않게 이동할 수 있도록 특별히 제작되었으며 약 1800석의 메인 홀인 그레이트 홀을 포함해 모차르트, 슈베르트, 베리오 홀이 있다. 클래식 음악뿐만 아니라 팝, 재즈 등 현대음악 공연도 펼쳐진다.

- 지하철 U4 슈타트파크Stadtpark역에서 도보 2분
- 박스 오피스 9~6월 월~금요일 10:00-18:00, 토요일 10:00-14:00, 일요일 휴무, 7~8월 월~금요일 10:00-14:00, 토, 일요일 휴무
- € 콘서트에 따라 다름
- www.konzerthaus.at

Karlskirche
칼스 성당

본래 이름은 카를로 보로메오 성당으로 '칼스 성당'이라고 불린다. 이곳은 1713년 당시 유행하던 흑사병이 진정된 뒤 황제 카를 6세가 신에게 감사하는 마음으로 건립한 성당이다. 로마의 트라야누스 기념비를 본떠 기둥을 만들었고 고대 그리스 신전 스타일 포르티코의 설계에 초점을 맞추는 등 비잔틴, 르네상스, 바로크양식과 고대 그리스와 로마의 건축 요소가 혼합된 독특한 모습의 건축물로 요한 버나드 피셔 폰 에를라흐가 설계했다. 내부의 메인 제단은 흑사병으로부터 희생자들을 헌신적으로 돌본 성 카를로 보로메오에게 헌정한 성당인 만큼 그의 승천을 나타내는 그림이 있다. 여러 조각 위로 천사가 그려진 30m 높이의 천장화는 화려하면서 웅장하고 경건한 분위기를 연출한다.

- 지하철 U1, U2, U4 카를스플라츠Karlsplatz역에서 도보 4분
- 월~토요일 09:00-18:00, 일요일, 공휴일 11:00-19:00
- 성인 €9.5, 10세 미만 무료
- www.karlskirche.eu

Stadtpark
시립 공원

1862년 조성된 빈의 첫 시립 공원으로, 풍경 화가 요제프 젤레니 Joseph Selleny가 영국식 정원 스타일로 디자인했다. 바이올린을 켜는 요한 슈트라우스 황금 동상과 슈베르트, 브루크너 등 빈의 저명한 예술가들의 동상이 있는 곳으로 유명하다. 이곳은 빈 강 Vienna River을 중심으로 동쪽과 서쪽 두 구역으로 나뉘며, 공원 남서쪽에 있는 르네상스 스타일의 고풍스러운 건물 쿠어살롱Kursalon은 다양한 공연이 열리는 이벤트 홀이다. 이곳은 원래 온천으로 사용되었던 건물이지만 요한 슈트라우스가 콘서트를 개최한 것을 계기로 점차 공연장으로 거듭났다. 이곳 시립 공원은 1년 내내 꽃을 볼 수 있을 만큼 꽃의 종류가 다양하고, 여유롭게 산책하기 좋아 여행 중 쉬어 가기 좋다.

- 지하철 U4 슈타트파크Stadtpark역과 연결

Majolikahaus & Medallionhaus
마욜리카하우스 & 메달리온하우스

오토 바그너 전시관을 다녀왔다면 이 두 곳도 놓쳐서는 안 되는 곳이다. 화려한 장미 타일로 완공 직후 사람들에게 조롱을 받았던 마욜리카하우스는 현재 작품성을 인정받아 오토 바그너의 최고 작품이라고 알려진 곳이다. 그리고 이름 그대로 화려한 금빛 메달과 깃털 장식이 눈에 띄는 메달리온하우스 또한 아르누보 양식의 대표 건축물로 평가받는다. 메달리온하우스는 오토 바그너 하우스Otto Wagner Haus로도 알려져 있다.

- 지하철 U4 케텐브뤼켄가세Kettenbrückengasse역에서 도보 1분

Naschmarkt
나슈마르크트

오랜 역사를 지닌 빈의 전통 시장. 초창기에는 유제품, 채소, 과일 등을 위주로 판매했으며 세월이 흐르면서 규모가 커지고 취급하는 제품이 늘어났다. 신선한 빵을 구워내는 베이커리, 달콤한 초콜릿과 갖가지 디저트를 파는 숍, 각종 식자재를 파는 상점도 있다. 카페와 레스토랑은 시장보다 영업시간이 더 길어 늦은 밤에도 출출한 배를 채우기에 그만이다. 물론 즉석에서 먹을 수 있는 음식을 파는 곳도 많으며 케밥, 초밥, 볶음밥 등 다양한 메뉴를 저렴한 가격에 맛볼 수 있어 더 알차다.

- 지하철 U4 케텐브뤼켄가세Kettenbrückengasse역에서 도보 1분
  지하철 U1, U2, U4 카를스플라츠 Karlsplatz역에서 도보 5분
- 월~금요일 06:00-19:30, 토요일 06:00-17:00, 일요일 휴무
- www.naschmarkt-vienna.com

TIP 나슈마르크트 벼룩시장

토요일만 들어서는 벼룩시장은 그야말로 골동품 천국이다. 운이 좋다면 아우가르텐 도자기 같은 희귀 아이템도 발견할 수 있다. 케텐브뤼켄가세역을 중심으로 넓은 구역에 걸쳐 그릇, 그림, 인형, 각종 장신구, 옷, 조명, 레코드, 액자 등 셀 수 없는 물건들로 가득 찬다. 꼭 사지 않더라도 구경하는 재미가 쏠쏠하니 토요일에 빈에 있다면 아침에 부지런을 떨어보자. 마음에 드는 것을 발견하면 적당한 흥정은 필수. 소매치기는 조심 또 조심하자. 공식 오픈 시간은 06:30-14:00이나 문 닫는 시간은 판매자 재량이다. 겨울철에는 12시 이전에 가는 것이 좋다.

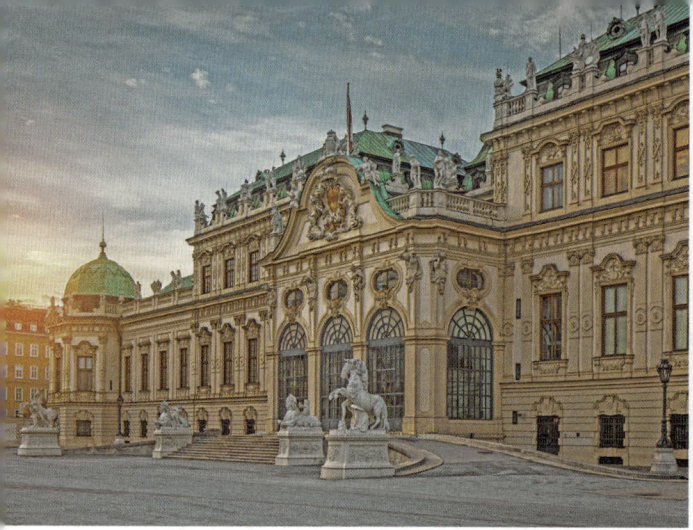

Schloss Belvedere
벨베데레 궁전

사보이의 왕자 오이겐의 여름 별궁으로 1716년 하궁, 1723년 상궁이 완성되었다. 건축은 바로크의 거장 힐데브란트와 베네치아 출신의 조각가 조반니 스타네티가 담당했는데, 유네스코 세계문화유산에 지정될 만큼 바로크 시대의 화려함과 정교함이 절정에 이른 작품으로 꼽힌다. 1752년 마리아 테레지아가 궁전을 매입한 뒤 벨베데레로 명명했으며 그 후 합스부르크 왕가가 사들인 미술품 보관소로 사용되었다. 상궁과 하궁 사이의 프랑스식 정원이 아름다워 빈 시민들의 산책 코스로도 유명하다.

- 빈 중앙역 트램 정류장 Südtiroler Platz-Hbf에서 트램 탑승 후 벨베데레 궁전 Schloss Belvedere역에서 하차, 약 10분 소요
- **상궁** 월~일요일 09:00-18:00 **하궁** 월~일요일 10:00-18:00 **벨베데레 21** 화~수요일, 금~일요일 11:00-18:00, 목요일 11:00-21:00, 월요일 휴관
- € **상궁** 성인 €17.5, 26세 이하 학생 €14.1 **하궁** 성인 €14.6, 26세 이하 학생 €10.9 **벨베데레 21** 성인 €9.3, 26세 이하 학생 €6.9(온라인 구매 기준)
- www.belvedere.at

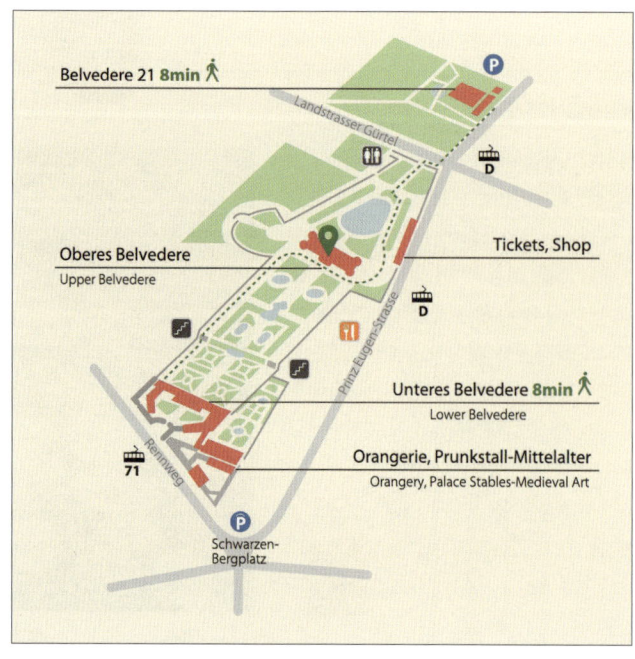

Upper Belvedere
상궁

합스부르크 왕가의 미술품을 보관했던 곳답게 세계적인 걸작을 보유한 미술관이다. 특히 오스트리아를 대표하는 작가 구스타프 클림트와 에곤 실레의 작품을 다수 만날 수 있는데 '키스', '유디트', '죽음과 소녀' 등의 유명 작품엔 언제나 수많은 방문객들이 몰려 있다. 그 밖에 오스카 코코슈카, 페르디난드 발트뮐러, 오귀스트 르누아르, 클로드 모네, 빈센트 반 고흐 등의 대표작을 소장하고 있다.

Lower Belvedere
하궁

주로 18세기 이전의 회화와 조각들이 전시된 곳이다. 유명 작가의 대표작들이 전시된 상궁과 달리 하궁은 대중에게 친숙한 작가의 작품이 없어 주목도가 떨어지는 것도 사실. 그러나 벨베데레의 주인이었던 오이겐의 초상화나 황금의 방 등 볼거리가 많아 미술에 관심이 있다면 그냥 지나치긴 아쉬운 곳이다.

Belvedere 21
벨베데레 21

오스트리아의 건축가 칼 스완저가 설계한 현대적인 건축물로 주로 20세기 이후 작가들의 작품을 전시한다. 원래 1958년 브뤼셀 엑스포를 위해 임시 전시장으로 건설되었던 것을 빈으로 옮겨 박물관으로 사용 중이다. 이 때문에 처음에는 20세기 하우스20er Haus(house 20)로 불렸으나 2011년 리모델링 이후 21er Haus로 공식 명명되었다. 단순 전시뿐 아니라 젊은 창작자를 육성하고 그들의 아이디어가 현실화될 수 있도록 지원하는 곳으로 빈의 신진 작가들의 꿈의 무대라 할 수 있다.

Restaurant & Cafe

CAFÉ SACHER
카페 자허 |카페|

빈에서 가장 유명한 디저트는 뭐니 뭐니 해도 살구 잼이 들어간 초코 케이크 토르테일 것이다. 현재는 많은 카페에서 토르테를 만들지만 이것을 탄생시킨 곳은 이곳 카페 자허다. 1832년 프란츠 자허가 고안해서 만든 것으로 카페 데멜의 토르테와 상표권 분쟁이 있었지만 오랜 법정 싸움 끝에 오리지널 상표권을 획득했다. 자허는 국립 오페라하우스 뒤쪽에 있으며 빨간 융단과 대리석 테이블이 클래식하면서 우아한 분위기를 자아낸다. 오스트리아의 유명 커피 아인슈페너, 멜랑쉬와 함께 자허 토르테를 즐길 수 있다. 토르테는 보존성이 좋아 선물용으로도 인기가 좋다.

- 지하철 U1, U2, U4 카를스플라츠Karlsplatz역에서 도보 5분
- Philharmoniker Str. 4, 1010 Wien
- 매일 08:00-24:00
- 오리지널 자허 토르테 €9.9, 아인슈페너 €7.1
- www.sacher.com/en/restaurants/cafe-sacher-wien/

CAFÉ GERSTNER
게르스트너 |카페|

1847년 개업한 게르스트너는 황실에 케이크와 초콜릿을 납품하던 작은 카페다. 현재는 1864년 건축가 한센Hansen이 지은 귀족 토데스코가의 건물로 1995년까지 오스트리아 국민당의 본부 역할을 한 유명 건축물 팔레 토데스코Palais Todesco에 자리하고 있다. 1층에서는 선물용 초콜릿과 토르테, 파이 등 다양한 종류의 케이크를 포장할 수 있으며 2~3층에서는 브런치와 오스트리아 전통 요리도 맛볼 수 있다.

- 지하철 U1, U2, U4 카를스플라츠Karlsplatz역에서 도보 3분
- Kårntner Str. 51, 1010 Wien
- 매일 08:00-22:00
- 토르테 €6.8, 아인슈페너 €6.6
- www.gerstner.at/k-u-k-hofzuckerbaecker

CAFÉ SCHWARZENBERG
카페 슈바르첸베르크 | 카페 |

슈바르첸베르크는 1861년 오픈한 이후, 제2차 세계대전으로 내부가 파괴되는 등 여러 고비를 넘기며 지속돼온 카페로 예술가들의 커피 하우스라고는 할 수 없지만, 유명 건축가 요제프 호프만, 화가 헤르만 니츠 등 꾸준한 단골들의 사랑을 받으며 지금까지 명성을 이어왔다. 클래식한 내부 인테리어에 멋스러운 샹들리에, 큰 창으로 보이는 빈 시내의 전경을 감상하며 휴식을 취하고 대화를 나누기에 좋다. 쇼 케이스에 진열되어 있는 정갈한 케이크와 오스트리아식 팬케이크 카이저슈마른Kaiserschmarrn이 인기 메뉴이며 굴라시, 슈니첼 등 오스트리아 전통 요리도 판매한다.

- 지하철 U1, U2, U4 카를스플라츠Karlsplatz역에서 도보 5분
- Kårntner Ring 17, 1010 Wien
- 월~금요일 07:30-24:00, 토~일요일 08:30-24:00
- 굴라시 €9.5, 슈니첼 €29.5, 아펠슈트루델 €11
- www.cafe-schwarzenberg.at

CAFÉ IMPERIAL
카페 임페리얼 | 카페 |

빈에 왔다면 대표 디저트인 토르테 케이크는 한 번쯤 맛보도록 하자. 관광객 사이에서는 카페 자허의 토르테가 유명하지만 이곳 임페리얼의 도르테도 그에 못지않게 유명하다. 1873년부터 만들어온 이곳의 토르테는 입에서 사르르 녹는 초콜릿 코팅과 겹겹이 쌓인 초콜릿 크림, 아몬드 시트가 고급스러운 달콤함을 선사한다. 토르테는 오리지널과 오렌지 마지팬Marzipan과 다크 초콜릿이 들어 있어 쌉싸름하면서 향긋한 오렌지 향이 매력적인 블랙 오렌지도 있다.

- 지하철 U1, U2, U4 카를스플라츠Karlsplatz역에서 도보 4분
- Kårntner Ring 16, 1015 Wien
- 매일 07:00-23:00(브렉퍼스트 07:00-11:00)
- 토르테 €11~, 비엔나 아이스커피 €14
- www.cafe-imperial.at

CAFÉ MOZART
카페 모차르트 | 카페 |

모차르트가 죽은 지 3년 뒤, 그를 기념하며 1794년 시민 병원 건물에 카페를 오픈했다. 19세기 유럽 커피의 붐이 시작된 비더마이어Biedermeier 시대부터 예술가들에게 인기 있는 만남의 장소였으며, 1948년 촬영된 영화 〈제3의 사나이〉에 나올 정도로 이곳은 빈의 역사와 함께했다. 하지만 카페 모차르트로 불린 것은 약 100년 전이며 그전까지는 여러 인수자에 의해 이름이 계속 바뀌어왔다. 유명한 카페 자허, 데멜과 비교해도 케이크와 커피의 맛은 손색이 없을 정도니 조금은 차분하고 여유로운 티타임을 원한다면 이곳 카페 모차르트를 추천한다.

- 지하철 U1, U2, U4 카를스플라츠Karlsplatz역에서 도보 5분
- Albertinaplatz 2, 1010 Wien
- 매일 08:00-24:00
- 아인슈페너 €6.9, 모차르트 커피 €9.5, 아펠슈트루델 €7.6
- www.cafe-mozart.at

VOLLPENSION
볼펜지온 |카페|

들어서는 순간, 빈티지한 가구와 클래식한 분위기로 마음을 사로잡는 카페. 이곳은 할머니들이 운영하고 직접 케이크를 구우며 서빙도 하는 일명 할머니 카페로 불린다. 음식은 투박하고 심플해 보이지만 할머니들의 정성이 듬뿍 담긴 가정식으로 뛰어난 맛을 자랑한다. 케이크 또한 매일 아침 할머니와 할아버지들로 구성된 파티시에가 그들의 오래된 가족 레시피로 만들어낸다. 아침 일찍부터 문을 여는 이곳은 조식을 먹으려는 사람들로 붐비니 예약하고 방문하자. 이곳의 커피와 달콤한 케이크만으로도 빈의 아침을 맞이하기에는 충분하다.

- 지하철 U1, U2, U4 카를스플라츠Karlsplatz역에서 도보 7분
- Schleifmühlgasse 16, 1040 Wien
- 매일 08:00~22:00
- € 케이크 €12.9, 스몰 브렉퍼스트 €14.9, 빅 브렉퍼스트 €18.9
- www.vollpension.wien

HUTH GASTWIRTSCHAFT
후트 가스트비츠샤프트 |오스트리아식|

빈 곳곳에 있는 프랜차이즈 후트Huth의 오스트리아 요리 전문점 가스트비츠샤프트 바삭하게 튀긴 슈니첼은 말이 필요 없는 오스트리아의 인기 요리이지만 이곳에 왔다면 타펠슈피츠Tafelspitz를 추천한다. 사과 샐러드가 사이드로 제공되고, 곱게 간 시금치 소스에 푹 삶은 소고기를 찍어 먹는 요리로 이미 한국인 사이에 소문이 자자한 인기 메뉴다. 식전 빵과 함께 나오는 다진 고기로 만든 페이스트는 메인 요리 전 입맛을 돋워준다.

- 지하철 U4 슈타트파크Stadtpark역에서 도보 4분
- Schellinggasse 5, 1010 Wien
- 매일 12:00~23:00
- € 타펠슈피츠 €27.9, 미트볼 €20.9, 슈니첼 €27.9
- www.huth-gastwirtschaft.at

LUDWIG VAN
루트비히 판 |오스트리아식|

간판이 베토벤의 초상화인 루트비히 판은 1822년 베토벤이 교향곡 제9번을 작곡했을 당시 거주했던 마리아힐프Mariahilf 거처를 개조한 레스토랑으로 기존의 클래식함과 현대적 감각이 조화를 이루는 곳이다. 해산물부터 육류까지 다양한 코스 요리를 제공하며 단품으로도 주문할 수 있다. 배로 만든 달콤한 소스가 어우러진 송어 구이 요리와 껍질은 쫀득하고 바삭하며 속살은 부드러운 돼지고기 요리가 인기이다. 요리뿐만 아니라 섬세한 서빙으로 기분 또한 좋아지는 곳이다.

- 지하철 U2 뮤제움스 콰르티어Museums Quartier역에서 도보 5분
- Laimgrubengasse 22, 1060 Wien
- 수~토요일 18:00-24:00, 일~화요일 휴무
- € 대구 요리 €21, 송아지 요리 €34
  송어 요리 €16, 돼지고기 구이 €17

WIENER WIAZHAUS
비너 비아츠하우스 |오스트리아식|

빈 로컬의 숨은 맛집으로, 접시에 담기지 않을 정도로 큰 슈니첼이 이곳의 대표 메뉴다. 사이드로 새콤달콤한 감자 샐러드가 함께 나와 자칫 느끼할 수 있는 슈니첼과 환상 조합을 이룬다. 가족이 운영하는 작은 레스토랑으로 따뜻한 분위기를 느낄 수 있으며 디너 시간에는 붐비니 예약하는 것이 좋다. 현금 결제만 가능하니 참고하자.

- 지하철 U1 타웁스투멘가세Taubstummengasse역에서 도보 5분
- Gußhausstraße 24, 1040 Wien
- 월~금요일 17:00-22:00, 토~일요일 휴무
  런치 11:30-15:00, 디너 18:00-22:00
- € 슈니첼 €22.9, 양갈비구이 €22.9
- www.wiener-wiazhaus.com

Schnitzel

KAFFEEFABRIK
카페 파브릭 |카페|

빈 유명 카페들과는 다르게 화이트의 깔끔한 인테리어로 트렌디한 느낌의 카페 파브릭. 직수입한 고품질의 원두만 취급하는 곳으로, 소량만 로스팅해 그날그날 바로 사용해 한 모금 마시면 이곳의 커피 맛을 잊을 수 없어 또다시 찾게 된다고 한다. 풍성한 우유 거품으로 만든 카푸치노가 인기이며, 가격 또한 저렴해서 더 매력적이다.

- 지하철 U1, U2, U4 카를스플라츠Karlsplatz역에서 도보 6분
- Favoritenstraße 4-6, 1040 Wien
- 월~금요일 08:00-18:00, 토요일 10:00-17:00, 일요일 휴무
- € 커피 €1.9~
- www.kaffeefabrik.at

BITZINGER
비트징거 |핫도그|

〈배틀트립〉에 나오면서 이미 한국인 사이에 오페라하우스 근처 핫도그 맛집으로 소문난 곳. 핫도그를 사기 위해 긴 줄이 늘어서 있지만 빨리 나오는 덕분에 줄은 금세 줄어든다. 바게트 사이에 소시지를 넣어주는 심플한 맛이지만 한 번 먹으면 멈출 수 없는 중독성이 있다. 다양한 토핑이 있지만 인기 메뉴는 케첩만 뿌린 기본 핫도그다. 고수와 카레 가루를 뿌린 핫도그는 향이 강해 호불호가 갈리는 편이다. 맛도 맛이지만 크기도 커서 한 끼 식사로도 손색이 없다.

- 오페라하우스 Bundestheater에서 도보 1분
- Albertinaplatz 1, 1010 Wien
- 매일 08:00-다음 날 04:00, 비정기 휴　무
- 기본 핫도그(케첩) €6
- www.bitzinger-wien.at

1516 BREWING COMPANY
1516 브루잉 컴퍼니 |펍|

여행의 피로를 풀어주는 맥주 한잔하기 좋은 펍을 찾는다면 이곳을 방문해보자. 수제 맥주 집으로 라거Lager, 레몬 맥주 Shandy, 블랙 & 탄Black & Tan, 바이스Weisse 총 4종류의 맥주를 맛볼 수 있다. 물론 다른 브랜드 맥주도 있다. 특히 레모네이드와 라거를 혼합한 레몬 맥주는 상큼한 맛에 여성들에게 인기다. 안주로는 이곳의 인기 메뉴인 립을 추천한다. 사과나무로 훈연해 은은한 향과 달콤한 소스가 이곳의 수제 맥주와 찰떡궁합이다.

- 지하철 U1, U2, U4 카를스플라츠Karlsplatz역에서 도보 5분
- Schwarzenbergstraße 2, 1010 Wien
- 매일 10:00-다음 날 02:00, 12월 24일 휴무
- 1516 라거 0.4L €3.9, 1516 라들러 0.4L €4.4, 립 €27.9
- www.1516brewingcompany.com

성 슈테판 대성당 주변

· THINGS TO DO ·

성 슈테판 대성당 내부 관람
모차르트의 결혼식이 치러진 곳, 빈의 상징 성 슈테판 대성당 관람

번화가 세 곳 체험하기
빈 최대 중심지 콜마르크트 거리, 그라벤 거리, 케른트너 거리 걸어보기

한 번은 맛봐야 할 슈니첼
100년 전통의 슈니첼 맛집 피글뮐러에서 2인분 같은 1인분 슈니첼 맛보기

성 베드로 성당 관람
1200년 역사의 성 베드로 성당, 평일 오후 3시에 방문해서 오르간 연주 듣기

르 버거 맛보기
수제 버거 맛집 르 버거, 한국에서 접하기 힘든 고구마튀김은 필수!

호어 마르크트 광장 걷기
세계에서 가장 긴 앙커 시계로 유명한 호어 마르크트 광장 구경

TRAVEL HIGHLIGHT

Domkirche St. Stephan
성 슈테판 대성당

교회의 최초 순교자인 성 슈테판을 수호성인으로 모신 성당으로 빈의 혼이자 빈 시민의 신앙적 안식처다. 로마네스크와 고딕 양식이 결합된 성당은 1147년에 짓기 시작해 오랜 세월 동안 증축과 복원을 거듭해 지금의 모습이 되었다. 1782년 모차르트는 이곳에서 콘스탄체와 결혼했고 1791년 장례식 또한 이곳에서 치러졌다. 빈으로 왔을 당시 8세 소년이었던 하이든은 성가대원으로 활동했다. 성당에 있는 18개 제단 중 가장 유명한 것은 중앙 제단과 중앙 제단 왼쪽에 있는 비너 노이슈타트 제단Wiener Neustädter Altar이며, 안톤 필그람Anton Pilgram이 만든 설교단, 23만 장의 타일로 된 성당 지붕과 빈의 풍경이 한눈에 들어오는 남탑, 황제 프리드리히 3세의 석관까지, 성당 내부를 꼼꼼히 둘러보면 2~3시간은 소요된다. 성당 입장은 무료이나 제단, 설교단, 탑, 카타콤 등을 자세히 보려면 구역별 매표소에서 티켓을 각각 구입하거나 통합권을 사서 둘러봐야 한다. 티켓은 홈페이지에서도 구입할 수 있다.

- 지하철 U1, U3 슈테판스플라츠Stephansplatz역에서 도보 1분
- 월~토요일 09:00-11:30, 13:00-16:30, 일요일, 공휴일 13:00-16:30
- 성인 €7, 14세 이하 €2.5
- www.stephanskirche.at

비너 노이슈타트 제단

설교단

프리드리히 3세 석관

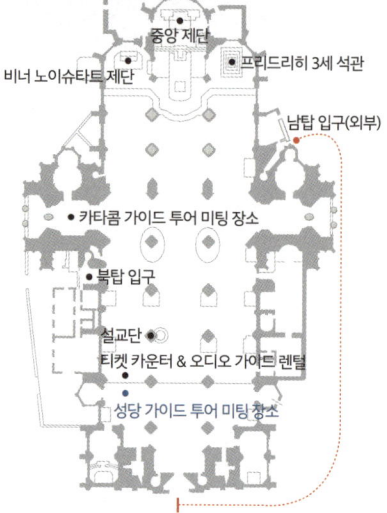

성당 가이드 투어 (영어 가이드)	월~토요일 10:30	성인 €7, 14세 이하 €2.5
카타콤 가이드 투어	월~토요일 10:00, 11:00, 11:30, 13:30, 14:00, 14:30, 15:30, 16:00, 16:30 일요일, 공휴일 13:30, 14:00, 14:30, 15:30, 16:00, 16:30	성인 €7, 6~14세 €2.5
남탑(343개 계단)	매일 09:00-17:00	성인 €6.5, 14~18세 €3.5, 6~14세 €2
북탑(리프트)	1~3월 매일 09:00-17:30 4~12월 매일 09:00-20:30	성인 €7, 14~18세 €4, 6~14세 €2.5
통합 티켓 (오디오 가이드 포함)		성인 €25, 6~14세 €7

Kapuzinergruft
카푸치너 성당 황제 납골당

카푸치너 성당은 빈의 주요 성당 중 하나로 17세기 후반에 건립되었다. 성당 자체보다 그 안에 들어선 납골당이 더 유명한데 합스부르크 왕조의 무덤과 기념비가 안치되어 있다. 관들은 육면체 모양의 일반 관과 달리 왕조의 관답게 화려한 외관을 자랑한다. 그중 프란츠 요제프 황제와 엘리자베트 황후, 신성로마제국의 사실상 마지막 황제였던 카를 6세, 그리고 남편 프란츠 1세와 합장되어 다른 관보다 규모가 더 큰 마리아 테레지아의 관이 특히 유명하다.

- 지하철 U1, U3 슈테판스플라츠Stephansplatz역에서 도보 5분
- 매일 10:00~18:00
- 성인 €8.5, 18세 이하 €5
- www.kapuzinergruft.com

Peterskirche
성 베드로 성당

성 베드로 성당은 9세기에 건립된, 빈에서 가장 오래된 그리스도교 성당이다. 바로크양식의 현재 건물은 벨베데레 궁을 건축한 루카스 폰 힐데브란트Lukas von Hildebrandt가 18세기에 재건해 녹색의 구리 돔이 특징인 성당으로 재탄생했다. 외관과는 다르게 내부는 볼거리가 가득한데, 특히 돔 천장에 요한 미하엘 로트마이어Johann Michael Rottmayr가 그린 프레스코화가 유명하며 금색으로 치장한 벽과 기둥의 화려함, 아름다운 천장 벽화는 감탄을 자아낸다. 매일 오후 3시와 토, 일요일 저녁 8시에는 오르간 연주가 열려 많은 관광객이 방문하는 명소다.

- 지하철 U1, U3 슈테판스플라츠Stephansplatz역에서 도보 2분
- 월~금요일 08:00~19:00, 토~일요일 09:00~19:00
- 무료
- www.peterskirche.at

Mozarthaus Vienna
모차르트하우스

1784년부터 약 3년간 모차르트 일가가 살았던 곳이다. 그의 집 중에서 가장 크고 우아한 아파트다. 1층부터 3층까지 관람실 중 핵심은 1층이다. 이곳에서 '피가로의 결혼'을 포함한 많은 작품을 작곡했다. 변주곡 'K616'을 작곡할 때 사용한 주악 시계도 전시되어 있으니 놓치지 말자.

- 지하철 U1, U3 슈테판스플라츠Stephansplatz역에서 도보 5분
- 매일 10:00~18:00
- 성인 €14, 19세 미만 €4.5
- www.mozarthausvienna.at

Haas-Haus
하스하우스

모더니즘 비엔나 건축양식을 상징하는 설계로 프리츠커 건축상을 받은 한스 홀레인Hans Hollein이 설계한 건물이다. 성 슈테판 대성당 맞은편에 자리하고 있으며 굴곡으로 된 유리 벽에 대성당이 반사되어 보인다. 초반에는 주변 건축물과 어울리지 않는다는 항의와 비평가들의 질타가 있었다. 하지만 전통과 미래가 공존하는 뜻을 나타내고자 했던 건축가의 신념이 인정받아 지금의 자리를 지키고 있다. 현재는 호텔, 사무실, 카페, 레스토랑 등이 들어서 있으며 대성당의 느낌을 해치지 않으면서도 현대적 편의 시설을 제공한다.

📍 지하철 U1, U3 슈테판스플라츠Stephansplatz역에서 도보 1분

Looshaus
로스하우스

창문에 장식적 디테일이 부족해서 '눈썹 없는 집'이라는 별명이 붙었던 로스하우스는 아돌프 로스Adolf Loos가 1912년에 완공한 건물이다. 프란츠 요제프 황제는 현대식 건물이 못마땅해 분노했으며 미하엘 광장과도 어울리지 않아 사람들의 미움을 받았다. 하지만 기능과 유용성을 강조했던 아돌프 로스는 물러서지 않고 자신만의 철학을 지킨 결과 지금은 비엔나 모더니즘의 고전적 사례로 꼽히고 있다.

📍 지하철 U2 헤렌가세Herrengasse역에서 도보 2분

Hoher Markt
호어 마르크트 광장

로마 시대부터 있었던 광장으로 13세기에는 어시장으로 이용되었으며, 합스부르크 왕가 시대부터는 중앙 법원 광장으로 공개 처형장이었다. 현재는 다양한 카페와 레스토랑이 있어 방문객이 많이 찾는 광장이다. 인기 스폿은 앙커 시계 Ankeruhr로, 앙커 보험회사의 두 빌딩을 연결하는 다리 위에 설치한 세계에서 가장 긴 시계라고 한다. 황제 마르쿠스, 합스부르크 왕가의 여왕, 작곡가 하이든 등 역사적 인물을 묘사한 12개 인형이 매시 정각이면 음악과 함께 한 조씩 교대로 나와 시각을 알려준다. 12개 인형을 다 볼 수 있는 정오에는 관광객이 많이 몰린다.

📍 지하철 U1, U3 슈테판스플라츠 Stephansplatz역에서 도보 5분

Uhrenmuseum der Stadt Wien
시계 박물관

빈 중심부에 있는 독특한 박물관으로 전 세계 700개 시계와 유럽에서 가장 중요한 시계들이 전시되어 있다. 총 3층으로 되어 있는 전시장은 시계의 과학적 진보와 기술뿐만 아니라 디자인의 변화도 보여주어 흥미롭다. 비더마이어 시대에 유행한 진자 벽시계부터 성 슈테판 대성당에 있었던 1톤 가까이 되는 시계도 이곳에 보관 중이다. 특히 행성의 움직임과 일식, 월식까지 보여주는 천문 시계는 꼭 봐야 할 작품이다.

- 지하철 U1, U3 슈테판스플라츠Stephansplatz역에서 도보 5분
- 화~금요일 09:00-17:00, 토~일요일 10:00-17:00, 월요일, 1/1, 5/1, 12/25 휴관
- 성인 €8, 매달 첫 번째 일요일 & 19세 미만 무료
- www.wienmuseum.at/uhrenmuseum

MAK (Museum für Angewandte Kunst)
응용 미술관

1863년 오스트리아 미술 산업 박물관으로 설립된 이곳은 150년 이상의 역사를 지니고 있으며 예술과 산업 간의 상호작용을 지속적으로 개선하기 위해 노력하고 있다. 오스트리아 건축가 폰 페르스텔Heinrich von Ferstel이 만든 르네상스 양식의 건물로 한국에서도 유명한 토넷의 나무 의자Thonet Chair, 유겐트 양식Jugendstil의 다양한 명작 그리고 구스타프 클림트가 금박을 이용해 제작한 밑그림 등이 모두 이곳에 전시되어 있다. 현재는 아시아 컬렉션이 있어 한국 도자기를 비롯해 중국 자기와 일본 칠기, 목판화 등이 함께 전시되고 있다. 또한 디자인 숍에서는 젊은 디자이너들의 독특한 제품을 구매할 수 있다.

- 지하철 U3 스투벤토어Stubentor역에서 도보 2분
- 화요일 10:00-21:00, 수~일요일 10:00-18:00, 월요일 휴무
- 성인 €16.5, 19세 미만 무료

빈의 대표 번화가 TOP 3

빈을 관광하다 보면 꼭 한 번씩 지나가게 되는 번화가가 있다. 그라벤, 케른트너, 콜마르크트가 대표적인 거리로 세 곳 모두 지하철 U1, U3 슈테판스플라츠Stephansplatz역과 가깝다. 관광지와 숍, 카페 등이 어우러져 있는 거리는 거닐고 또 거닐어도 새롭다. 차량 통행이 제한되는 곳이니 마음껏 거리를 활보해보자.

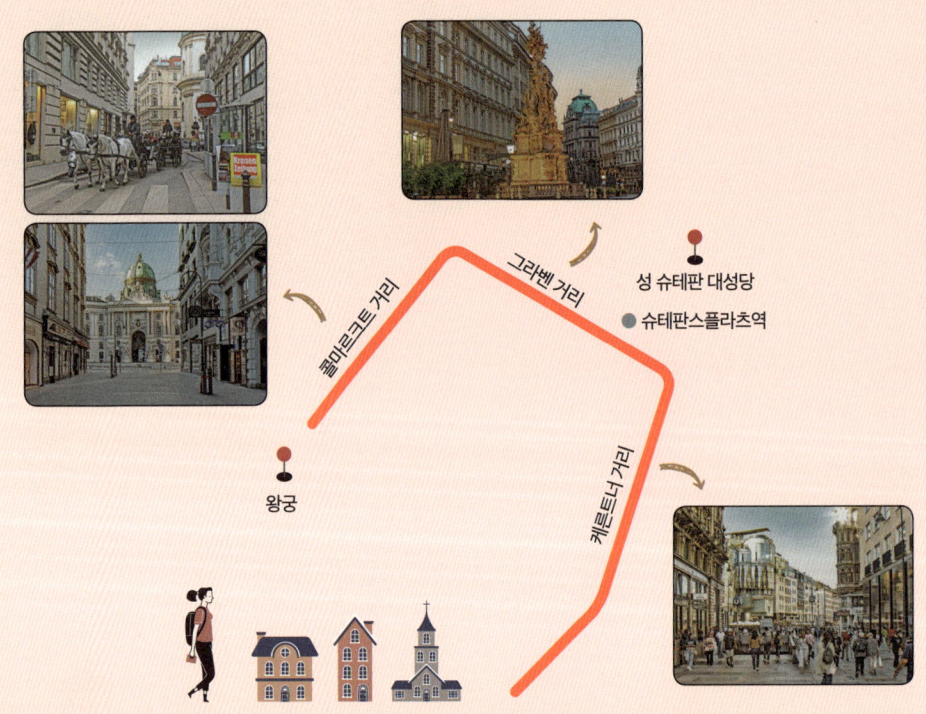

그라벤 거리 Graben Straße

성 슈테판 대성당을 중심으로 빈 중심가의 중축이 되는 그라벤 거리는 고전적 분위기의 빈 번화가 모습을 제대로 느낄 수 있는 곳이다. 성 베드로 성당과 성 슈테판 대성당 가는 길에 있어 관광객으로 항상 붐비는 거리다. 1693년 유럽의 대재앙이라고 불렸던 흑사병이 종식된 것을 기념해 감사의 마음을 담아 세웠다고 하는 삼위일체 탑이 거리 중간에 자리 잡고 있다. 조각품 맨 위는 황금색 장식으로 되어 있으며 아침 해가 비칠 때 가장 아름답게 보인다. 골목골목 자리 잡은 레스토랑에는 항상 많은 사람들로 북적인다.

케른트너 거리 Kärntner Straße

빈 국립 오페라극장과 성 슈테판 대성당 사이에 있는 현대적 분위기의 중심가 거리. 오스트리아 디저트인 자허 토르테로 유명한 카페 자허가 있어, 관광객이면 한 번쯤 지나가봤을 거리다. 옷, 신발, 주얼리 등 다양한 브랜드 숍이 있고 패스트푸드점도 몰려 있어 젊은 사람들로 북적거리는 빈 제1의 쇼핑센터를 이루고 있다.

콜마르크트 거리 Kohlmarkt Straße

왕궁에서부터 성 베드로 성당까지 이어지는 거리로 구찌, 티파니, 샤넬 등 럭셔리한 명품 브랜드 숍이 줄지어 늘어서 있고 가운데에는 웅장하고 멋스러운 왕궁이 보이는 빈의 가장 럭셔리한 거리다. 미하엘 광장의 명물 오픈형 마차 피아커 Fiaker도 있으니, 마차를 타고 거리를 구경하며 한 바퀴 돌아보는 것도 좋다.

DEMEL
데멜 | 카페

약 200년의 역사를 지닌 카페 데멜은 합스부르크 시대에는 왕실에 제품을 납품할 정도로 뛰어난 맛을 자랑하는 곳이다. 이곳의 토르테는 카페 자허 못지않게 유명하다. 토르테를 두고 카페 자허와의 오랜 분쟁 끝에 상표권은 자허가 획득했지만 데멜에서도 토르테를 생산할 수 있게 되었다. 토르테뿐만 아니라 오스트리아식 팬케이크 카이저슈마렌이 유명하며, 아몬드 버터크림 케이크, 밀푀유, 애플파이 등 케이크 종류가 다양하다. 카페 한편에서는 선물용 케이크와 초콜릿도 판매하고 있다.

- 지하철 U1, U3 슈테판스플라츠Stephansplatz역에서 도보 5분
- Kohlmarkt 14, 1010 Wien
- 매일 10:00-19:00
- 소고기 굴라시 €16, 멜랑쉬 €6.9
- www.demel.com

CAFÉ DIGLAS
카페 디글라스 | 카페

성 슈테판 대성당에서 도보 1분 거리에 있는 카페로 1875년부터 운영해온 역사 깊은 곳이다. 디글라스 가문은 같은 이름으로 빈의 다른 곳에서도 카페를 운영하고 있다. 커피 맛은 물론 대대로 내려오는 레시피대로 만든 케이크와 다양한 요리도 맛있는 곳으로 저녁에는 피아노 연주를 들으며 와인 한잔하기에도 좋다. 오래된 역사와 우아한 분위기, 거기에 위치까지 좋아 유명 인사들이 즐겨 찾던 인기 카페다. 현금만 받으니 유의하자.

- 지하철 U4 스투벤토어Stubentor역, U1, U3 슈테판스플라츠 Stephansplatz역에서 도보 5분
- Wollzeile 10, 1010 Wien
- 월~수요일 08:00-22:00, 목~금요일 08:00-22:30, 토요일 09:00-22:30, 일요일 09:00-18:00
- 커피 €3.8~10.2, 디저트 €9.8~12.8
- www.diglas.at

THE BANK BRASSERIE & BAR
더 뱅크 브라스리 & 바 | 비즈니스 런치 |

파크 하얏트 비엔나 호텔 레스토랑 중 하나로 투숙객의 조식을 책임지는 곳이다. 음식 맛도 좋지만 특급 호텔 레스토랑치고는 가격이 착해 인기다. 특히 런치 코스를 합리적 가격에 맛볼 수 있는데 메뉴 구성은 주기적으로 바뀐다. 세련된 인테리어에 오픈형 키친 덕분에 셰프들의 화려한 요리 솜씨도 볼 수 있다. 이곳이 예전에 은행 건물이었던 것을 연상케 하는 디자인의 바 공간은 저녁이면 프리미엄 칵테일을 맛보려는 사람들로 가득 찬다.

- 지하철 U3 헤렌가세Herrengasse역에서 도보 2~3분
- Bognergasse 4, 1010 Wien
- 브렉퍼스트 월~금요일 07:00-10:30, 토~일요일 07:00-11:00 런치 월~토요일 12:00-14:30, 일요일 12:30-15:30 디너 매일 18:00-22:30 바 월~수요일 09:00-01:00, 목~토요일 09:00-02:00, 일요일 휴무
- 슈니첼 €32, 소고기 타르타르 €23~38
- www.restaurant-thebank.com

FENSTER CAFÉ
펜스터 카페 | 카페 |

테이크 아웃만 가능한 카페로 벽면의 작은 창을 통해 커피를 제공한다. 초콜릿으로 코팅한 콘 안에 라테를 넣어주는 코르네토치노Cornettoccino가 이곳의 시그너처 메뉴로, 따뜻한 라테로 콘 안의 초콜릿이 서서히 녹으면서 씁쓸한 커피와 환상적인 궁합을 이룬다. 현금은 받지 않고 카드 결제만 가능하다.

- 지하철 U1, U4 슈베덴플라츠Schwedenplatz역에서 도보 2분
- Griechengasse 10, 1010 Wien
- 매일 08:00-20:00
- 펜스터치노 €11
- www.fenster.cafe

LOCA
로카 | 인터내셔널 |

가성비 좋은 파인 다이닝 레스토랑으로 매일 바뀌는 코스 요리를 제공한다. 조미료를 사용하지 않아 재료 본연의 맛을 느낄 수 있다. 시간과 금전적 여유가 있다면 6코스를 추천한다. 식전 빵부터 애피타이저, 수프, 메인까지 흠잡을 데 없는 정찬이 차려진다.

- 지하철 U3 스투벤토어Stubentor역에서 도보 5분
- Stubenbastei 10, 1010 Wien
- 수~일요일 17:00-23:00, 월~화요일 휴무
- 4코스 €49, 6코스 €89
- www.bettereatbetter.com

FIGLMÜLLER
피글뮐러 |오스트리아식|

'슈니첼' 하면 모두 이곳을 떠올릴 정도로 유명한 100년 전통을 자랑하는 슈니첼 전문점이다. 접시보다 큰 크기의 슈니첼을 맛보기 위해 많은 관광객이 찾고 있어, 예약하지 않으면 맛보기 힘들 정도다. 다른 레스토랑과 달리 샐러드와 잼은 별도로 주문해야 하니 유의하자. 슈니첼이 워낙 크니 인당 주문을 하는 것보다 슈니첼 하나와 다른 메뉴를 함께 주문해 맛보는 것을 추천한다.

- 지하철 U1, U3 슈테판스플라츠Stephansplatz역에서 도보 4분
- Wollzeile 5, 1010 Wien
- 매일 11:30-23:30
- 슈니첼 €19.9, 감자 샐러드 €6.8

GRIECHENBEISL
그리헨바이슬 |오스트리아식|

1447년에 문을 연 곳으로 빈에서 가장 오래된 레스토랑이다. 18세기에는 브람스, 베토벤, 모차르트 등 유명 음악가의 모임 장소였던 곳으로, 식당 내부 깊숙한 곳에 그들의 사인과 사진 등이 놓여 있는 음악가의 방 마크 트웨인 룸Mark Twain Room이 있을 정도다. 물론 이 방에서도 식사를 할 수 있으니 기왕이면 방문 시 문의해보자. 프란츠 요제프 황제가 즐겨 먹었다는 푹 삶은 소고기 요리 타펠슈피츠Tafelspitz 와 슈니첼이 대표 메뉴다.

- 지하철 U1, U4 슈베덴플라츠Schwedenplatz역에서 도보 2분
- Fleischmarkt 11, 1010 Wien
- 매일 12:00-23:00
- 타펠슈피츠 €26.9, 슈니첼 €27.9
- www.griechenbeisl.at

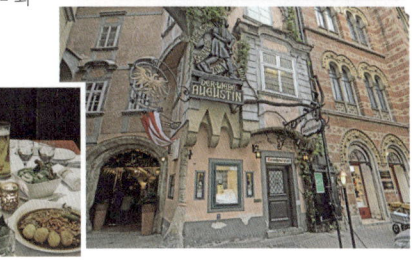

RESTAURANT WRENKH
레스토랑 렌 |오스트리아식|

오스트리아 전통 요리를 선보이는 레스토랑으로 빈에서 맛볼 수 있는 최고의 베지테리언 식당으로 평가받는 곳이다. 특히 한국에서는 낯선 재료인 아티초크가 꽃봉오리처럼 제공되는데, 한 장 한 장 떼어 소스에 찍어 먹으면 연근이나 고구마 같은 아티초크 맛에 푹 빠지게 된다. 좋은 재료로 만드는 모든 요리는 한입 맛보면 재료의 신선함이 그대로 전달된다.

- 지하철 U1, U3 슈테판스플라츠Stephansplatz역에서 도보 4분
- Bauernmarkt 10, 1010 Wien
- 월~금요일 11:00-23:00, 토요일 12:00-23:00, 일요일 휴무
- 샐러드 €16, 스타터 €9.5~, 메인 요리 €15.5~
- www.wrenkh-wien.at

EF16 RESTAURANT WEINBAR
ef16 레스토랑 와인 바 |오스트리아식|

아늑하지만 고급스러운 분위기에서 와인과 함께 슈니첼을 즐길 수 있는 레스토랑으로 트립 어드바이저에서도 항상 상위권을 차지하는 곳이다. 빈과 주변의 농장에서 재배한 제철 재료로 만든 창의적이고 혁신적인 메뉴를 맛볼 수 있는데, 다른 곳보다 음식 가격은 높지만 빈에서 이 정도 금액에 분위기, 와인, 음식까지 모두 완벽히 갖춘 곳을 찾기는 쉽지 않다. 1인당 €3 테이블 요금이 추가된다.

- 지하철 U1, U4 슈베덴플라츠Schwedenplatz역에서 도보 4분
- Fleischmarkt 16, 1010 Wien
- 디너 17:30~23:30
- 슈니첼 €22.9, 필렛 스테이크 €26.5
- www.ef16.at

RIBS OF VIENNA
립스 오브 비엔나 |립|

빈에서 꼭 먹어봐야 할 음식 중 하나로 꼽히는 립. '립'을 먹는다면 이곳 립스 오브 비엔나를 빼놓을 수 없다. 1m 길이의 립과 2가지 소스가 함께 나오는 립스 오브 비엔나가 시그너처 메뉴로, 립을 뜯고 맛보다 보면 금세 접시에는 뼈만 남는다. 사이드 메뉴인 샐러드를 곁들이면 느끼함도 싹 잡아준다. 가성비가 뛰어난 곳이다 보니 예약하지 않으면 1시간 이상 기다려야 하므로 미리 메일이나 전화로 예약하는 것이 좋다.

- 지하철 U1, U3 슈테판스플라츠Stephansplatz역에서 도보 5분
- Weihburggasse 22, 1010 Wien
- 월~금요일 12:00-15:00, 17:00-24:00, 토~일요일, 공휴일 12:00-24:00
- 립스 오브 비엔나 €23.9, 시저 샐러드 €15.9
- www.ribsofvienna.at

LE BURGER
르 버거 |수제 버거|

빈에서 최고의 수제 버거를 찾는다면 이곳에 가보자. 빈에 총 4개 지점이 있으며 이 중 2개가 빈 중심에 자리한다. 번부터 직접 만드는 것은 물론, 인스턴트 재료를 사용하지 않는 건강한 버거를 만드는데, 바삭한 베이컨과 육즙 가득한 패티의 조화가 환상적이다. 매장 한 켠에는 취향대로 골라 먹을 수 있는 소스가 10가지 넘게 있으니 취향대로 곁들여보자. 사이드는 한국에서는 접하기 어려운 고구마튀김을 추천한다. 주문은 셀프 방식이다.

- 지하철 U3 지글러가세Zieglergasse역에서 도보 4분
- Mariahilfer Str. 114, 1070 Wien
- 월~목요일 11:00-23:00, 금~토요일 11:00-24:00, 일요일, 공휴일 11:00-22:00
- 버거 €10.5~15.8, 감자튀김 €4.6, 고구마튀김 €5.4

PIZZA BIZI
피자 비지 |피자|

빈에서 간단한 식사를 원한다면 이곳만 한 곳이 없다. 조각 피자와 파스타 등을 푸드 코트 식으로 저렴한 금액에 즐길 수 있다. 피자는 조각이라고 하지만 손바닥보다 커서 한 조각만 먹어도 속이 든든하다. 피자 종류도 다양해 버섯, 시금치, 페퍼로니, 할라페뇨 등 취향에 맞춰 고르면 된다. 매장이 2층으로 되어 있어 좌석은 넉넉하다. 단 화장실은 유료니 유의하자.

- 지하철 U1, U4 슈베덴플라츠Schwedenplat역에서 도보 5분
- Rotenturmstraße 4, 1010 Wien
- 매일 11:00-23:00
- € 조각 피자 €4-, 음료 €1.5~

RESTAURANT SURA
수라 |한식|

빈에서 한식을 찾는다면 성 슈테판 대성당 근처에 있는 수라를 추천한다. 약 30년간 한식을 요리해온 한국인 요리사가 제공하는 메뉴는 이곳이 오스트리아라고 믿기지 않을 정도로 다양하다. 칼칼한 김치찌개와 입에 착착 붙는 매콤하면서도 달콤한 제육볶음이 인기. 여행 중 한식이 그리워질 때 찾으면 좋다.

- 지하철 U1, U3 슈테판스플라츠Stephansplatz역에서 도보 3분
- Singerstraße 13, 1010 Wien
- 매일 11:30-23:00
- € 비빔밥 €15.5, 제육볶음 €17.9, 삼겹살 €19.9
- www.sura.wien

시청 주변

· THINGS TO DO ·

시민 정원 산책
오스트리아 최초의 정원이자 귀족들의 사교의 장 시민 정원 산책하기

국회의사당 건물 인증 숏
그리스 파르테논신전을 본떠 만든 국회의사당 앞에서 사진 한 장

낭만의 대학 캠퍼스 거닐기
1365년에 세워진, 독일어권 대학교 중 가장 오래된 빈 대학교 둘러보기

TRAVEL HIGHLIGHT

Rathaus
시청

19세기 말에 세워진 기념비적 건물 중 가장 비싼 건물로 프리드리히 슈미트Friedrich von Schmidt가 신고딕 양식으로 1883년에 지은 곳이다. 쾰른 대성당과 바실리카 복원에도 도움을 주었던 슈미트였기에 이 건물 100m 높이의 탑이 성당의 종탑과 닮았다는 것은 우연이 아니다. 탑 꼭대기에는 알렉산더 네르Alexander Nehr가 제작한 라트하우스만Rathausmann이 갑옷을 입은 채 서 있는데, 이 동상은 복제되어 시청 앞 광장에도 장식되어 있다. 또한 합스부르크의 유명한 작품을 묘사한 다양한 조각상도 놓여 있다. 오디오 가이드 투어를 하면 내부 관람이 가능한데, 사전 예약은 불가하며 시청 인포메이션 센터에서 당일에 예약해야 한다. 티켓은 오전 7시 30분부터 배부한다.

- 지하철 U2 라트하우스Rathaus역에서 도보 2분
- 가이드 투어 월, 수, 금요일 13:00
- +43 1 4000
- www.wien.gv.at/english/cityhall/tours.htm

Parlament
국회의사당

유럽의 국회의사당 건물 중에서도 가장 아름답다고 꼽히는 이곳은 1873년 그리스 파르테논신전을 본떠 만들어졌다. 건물 내부 또한 신전의 겉모습처럼 보이도록 그리스식 원주 기둥을 세웠다. 건물 밖의 정중앙에는 아테네 여신의 동상이 있으며 지붕 위는 그리스 신들의 웅장한 석상으로 꾸몄다. 내부는 가이드 투어를 통해 관람할 수 있으며 이메일과 전화로 예약할 수 있다.

- 지하철 U2, U3 폭스테아터Volkstheater역에서 도보 3분
- 가이드 투어 월~금요일 11:45, 13:45, 15:45, 토요일 11:45, 13:45, 15:45
- +43 1 401 10 2500
- www.parlament.gv.at

Volksgarten
시민 정원

1823년 프란츠 1세 황제의 명령에 따라 문을 연, 오스트리아 최초의 정원이며 귀족들의 사교장이었다. 프랑스풍으로 꾸며진 정원은 정교하게 가꾸어진 식물이 있으며, 특히 장미가 많아 '장미 정원'이라고도 불린다. 정원 뒤로는 아테네 신전을 본떠서 만든 테세우스 신전도 보인다. 또한 정원 내에는 엘리자베트 황후와 요한 슈트라우스 등 다양한 인물의 조각상이 놓여 있어 많은 관광객이 사진을 찍기 위해 이곳을 찾는다.

- 지하철 U2, U3 폭스테아터Volkstheater역에서 도보 5분
- 매일 07:00-17:30
- +43 1 24555

Burgtheater
부르크 극장

시청 건너편에 있는 이곳은 1741년 마리아 테레지아가 설립했으며 유럽에서 가장 중요한 극장으로 평가된다. 처음에는 미하엘러 광장에 있었지만 1888년 지금의 위치로 이전했다. 1945년 전쟁으로 인한 화재로 건물의 중앙 부분이 파괴되는 등 많은 피해를 입었지만 1955년에 복구되어 재오픈한 이후 현재까지 많은 사랑을 받고 있다. 계단 위에는 오스트리아 유명 화가 구스타프 클림트가 그린 연극의 역사를 주제로 한 천장화가 있으며, 좀처럼 자화상을 그리지 않는 그의 유일한 자화상을 볼 수 있다.

- 지하철 U2 라트하우스Rathaus역에서 도보 8분
- 내부 관람 가이드 투어(독일어 진행, 영어 자료 배부) 목~금요일 15:00, 토~일요일, 공휴일 11:00
- 내부 관람 가이드 투어 성인 €10, 27세 이하 €5(20분 전 메인 입구에서 구매 후 시작)
- www.burgtheater.at

Ferstel Passage
페르스텔 파사주

귀족 궁전이었던 팔레 페르스텔Palais Ferstel의 아케이드인 페르스텔 파사주에는 고급 상점, 카페 등이 들어서 있다. 살짝 허기가 진다면 프랑스 식재료와 와인도 곁들여 파는 프렌치 레스토랑인 보리우Beaulieu나 햄, 살라미, 베이컨 등을 와인과 맛볼 수 있는 불카노텍Vulcanothek을 추천한다. 식사 후 팔레 페르스텔 1층을 개조한 역사 깊은 카페 첸트랄에서 커피 한 잔을 마시며 잠시 쉬어 가도록 하자.

- 지하철 U3 헤렌가세Herrengasse역에서 도보 2분
- 월~토요일 08:00-22:00, 일요일, 공휴일 10:00-22:00(매장에 따라 오픈 시간 다름)
- www.palaisevents.at

Am Hof
암 호프 광장

빈의 이너시티에서 가장 큰 광장으로, 광장의 역사는 로마 시대로 거슬러 올라간다. 12세기 바벤베르크 공작 헨리 2세 자소미로고트Henry II Jasomirgott가 이곳에 성을 건설했고, 그 후 1220년까지 오스트리아 귀족이 이 성에 거주했다. 성 앞에 자리한 터가 점차 현재의 암 호프 광장으로 변화했다. 광장에는 14세기 고딕 양식의 성당 키르체 암 호프Kirche Am Hof가 있으며, 성당 앞에는 마리아 기둥Mariensäule이 서 있다. 이 기둥은 로마제국 황제 페르디난트 3세가 스웨덴 전쟁 승리를 기념하기 위해 1667년에 세운 것으로 성모마리아상이 새겨진 검은 기둥은 갑옷을 입은 4명의 천사 조각으로 둘러싸여 있다. 광장 맞은편에는 이탈리아 조각가 로렌조 마티엘리가 만든, 황금빛 방패를 맞든 조각상이 있는 건물이 있는데, 과거에는 무기고였고 현재는 중앙 소방서로 쓰이고 있다.

- 지하철 U3 헤렌가세Herrengasse역에서 도보 2분

Universitat Wien
빈 대학교

빈 대학교는 1365년 합스부르크 왕가의 루돌프 4세가 세운, 독일어권 지역에서 가장 오래되고 큰 대학교이며, 빈 전체에만 60개 캠퍼스가 흩어져 있다. 유명한 캠퍼스로는 이곳 링도로에 있는 건물로 1877~1884년에 지어졌으며 주요 행정, 실무 사무소들이 자리 잡았다. 빈 대학교의 대표 인물로는 정신분석 의사 지크문트 프로이트를 비롯해 화학, 경제학, 의학 등에서 노벨상을 받은 인물들이 있다. 보티브 성당을 건축한 하인리히 폰 페르스텔이 설계해 웅장하고 아름다운 캠퍼스는 관광객에게 매주 목요일과 토요일 가이드 투어를 통해 개방된다. 영어 가이드 프로그램은 토요일 11시 30분 메인 빌딩에서 시작한다.

- 찾아가기 지하철 U2 쇼텐토어Schottentor역에서 도보 5분
- 독일어 가이드 투어 목요일 18:00, 토요일 10:30
  영어 가이드 투어 토요일 11:30
- 가이드 투어 €5
- www.univie.ac.at

Votivkirche
보티브 성당

1853년 프란츠 요제프 황제가 암살 시도에도 불구하고 무사한 것을 신에게 감사하며 1856년부터 1879년에 걸쳐 빈 대학교 근처에 지은 것이다. 당시 26세였던 하인리히 폰 페르스텔Heinrich von Ferstel이 새로운 기법인 네오고딕 양식으로 설계했다. 근처에 있는 성 슈테판 대성당에 밀려 과소평가되는 곳이지만, 화려한 외관은 물론 웅장한 금박 제단과 형형색색의 스테인드글라스로 디자인된 내부는 이곳을 놓치지 말고 방문해야 할 이유다. 또한 성당 앞에 있는 프로이트 공원은 시내 중앙에 있어 젊은이들이 모여드는 곳이다.

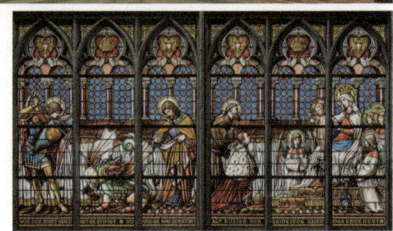

- 지하철 U2 쇼텐토어Schottentor역에서 도보 6분
- 화~토요일 10:00-18:00, 일요일 09:00-13:00, 월요일 휴관
- 무료
- www.votivkirche.at

Sigmund Freud Museum
지크문트 프로이트 박물관

1891년부터 1938년까지 프로이트가 살았던 곳으로 정신분석 창시자로서의 삶과 업적을 기록한 박물관이다. 실제 치료실이었던 이곳을 1971년 프로이트 막내딸의 도움을 받아 박물관으로 만들었다. 프로이트가 쓰던 가구들이 놓여 있고 쇼룸에 있는 그의 소지품을 통해 문화적 환경과 정신분석학의 발달을 엿볼 수 있다. 1930년대의 프로이트 가족이 나오는 영화도 비디오 룸에서 상영해주니 더욱 생생한 그의 삶을 느껴볼 수 있다.

- 지하철 U2 쇼텐토어Schottentor역에서 도보 12분
- 수요일~월요일, 공휴일 10:00-18:00, 화요일 휴관
- 성인 €15, 27세 이하 학생 €9.5, 12세 이하 무료, 비엔나 시티 카드 소지자 €11

> **TIP Who is Sigmund Freud?**
>
> 1856년 체코 모라비아에서 유대인으로 태어난 프로이트는 오스트리아의 신경과 의사이며 정신분석의 창시자다. 1938년 국가 사회주의자들에게 강요당해 영국으로 망명하기 전까지 빈에서 살았다. 처음에는 뇌의 해부학적 구조를 연구하고 코카인의 마취 작용을 이용하는 등 수술과 약물 치료로 신경증을 연구했지만, 나중에는 신경증 환자를 관찰하고 최면술을 이용하는 등 인간의 마음에 무의식이 존재한다고 믿었다. 꿈, 착각, 해학과 같은 정상 심리에도 연구를 확대해 심층심리학을 확립한 인물이다.

WIEN — Travel Highlight

시청 주변

- 지그문트 프로이트 박물관 / Sigmund Freud Museum
- 보티브 성당 / Votivkirche
- 쇼텐토어 / Schottentor
- 빈 대학교 / Universität Wien
- 암 호프 광장 / Am Hof
- 페르스텔 파사주 / Ferstel Passage
- 시청 / Rathaus
- 라트하우스 / Rathaus
- 부르크 극장 / Burgtheater
- 헤렌가세 / Herrengasse
- 국회의사당 / Parlament
- 시민 정원 / Volksgarten

빈 외곽

· THINGS TO DO ·

쇤브룬 궁전 둘러보기
1441개 방으로 구성된 합스부르크 왕가의 여름 별궁 쇤브룬 궁전 관람

훈데르트바서 하우스 구경
건축에 관심이 있다면 꼭! 훈데르트바서가 지은 훈데르트바서 하우스

햇와인 호이리게 맛보기
빈 근교 그린칭에 방문해 올해 수확한 포도로 만든 햇와인 호이리게 맛보기

Schloss Schönbrunn
쇤브룬 궁전

합스부르크 왕가의 여름 별궁으로, '쇤브룬 옐로'라는 색이 있을 정도로 쇤브룬 궁전의 외관은 매력적인 노란빛으로 빛난다. 이곳은 17세기 말부터 20세기 초까지 유럽 역사에 큰 영향을 준 합스부르크 왕의 일상생활과 거주 문화가 그대로 녹아 있다. 바로크양식의 외관과 1441개 방이 있는 로코코양식의 내부에는 호화로운 응접실, 거울의 방, 대회랑 등이 있으며 이 중 40개 방을 공개하고 있다. 그리스 신전 양식을 본뜬 개선문인 글로리에테Gloriette에 오르면 쇤브룬 궁전과 빈의 풍경이 한눈에 들어온다. 동물원, 어린이 박물관은 가족 여행객이 많이 찾으며 궁전 외에 정원까지 다 둘러보려면 최소 2~3시간은 소요되니 시간을 여유 있게 계획해서 방문하자.

📍 **지하철** U4 쇤브룬Schönbrunn역에서 도보 9분
　　트램 10, 60번 쇤브룬 정류장에서 도보 4분
　　버스 10A번 쇤브룬 정류장에서 도보 4분
🕐 매일 08:30-17:00(월별로 차이 발생)

TRAVEL HIGHLIGHT

• 쇤브룬 궁전의 간략한 역사 •

1569	막시밀리안 2세 황제가 사냥터와 정원을 만듦
1605	헝가리 군이 정원 파괴
1612	마티아스 황제가 쇠너 브룬넨Schöner Brunnen(아름다운 샘)을 발견해 '쇤브룬'이라 칭함
1683	오스만 군 침략으로 파괴
1696	레오폴트 1세 황제가 사냥 오두막 건설 시작
1728	카를 6세 황제가 사냥터로 사용하다가 딸인 마리아 테레지아에게 증정
1743	마리아 테레지아 여왕이 본격적으로 리모델링 시작
1780	마리아 테레지아 여왕 사망 후 프란츠 2세가 사용
1817	복원 사업 시작
1848	프란츠 요제프 1세 황제가 사용

Schloss Schönbrunn
쇤브룬 궁전

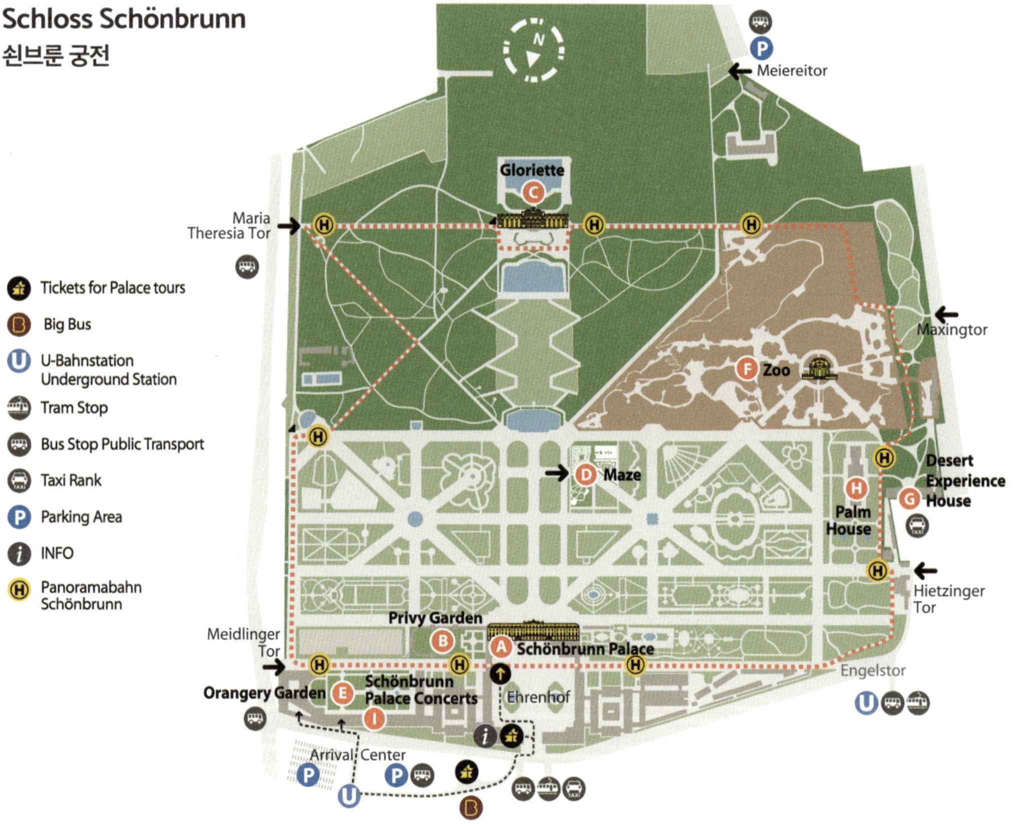

- Tickets for Palace tours
- B Big Bus
- U U-Bahnstation Underground Station
- Tram Stop
- Bus Stop Public Transport
- Taxi Rank
- P Parking Area
- i INFO
- H Panoramabahn Schönbrunn

A 궁전

B 황태자 정원

C | 글로리에테

D | 미로

F | 동물원

G | 사막체험관

E | 오랑제리 정원

H | 종려나무원

구분·요금(€)	성인	19~25세	6~18세	비엔나 시티 카드 소지자	포함 사항
임페리얼 투어	27	22	19	할인 없음	궁전 방 22개(30~40분 소요)
그랜드 투어	32	27	23	할인 없음	궁전 방 40개
클래식 패스	38	없음	30	36	궁전 방 40개, 황태자 정원, 글로리에테, 미로 정원, 오랑제리 정원
클래식 패스 플러스	73	없음	51.5	68	궁전 방 40개, 동물원, 황태자 정원, 글로리에테, 미로 정원, 오랑제리 정원
시시 티켓	49	없음	33	45	궁전 방 40개, 왕궁, 왕실 박물관

정원·요금(€)	성인	19~25세	6~18세	비엔나 시티 카드 소지자	비엔나 패스 소지자
미로 정원	5.5	없음	5.5	4.5	할인 없음
글로리에테 황태자 정원 오랑제리 정원	5.5	없음	5.5	4.5	할인 없음

▶ www.schoenbrunn.at

Panoramabahn Schönbrunn
파노라마반 쇤브룬

드넓은 쇤브룬 궁전 부지를 조금 더 편하게 돌아볼 수 있는 꼬마기차로 쇤브룬 궁전 정문에서부터 온실, 글로리에테, 마리아 테레지아 문 등을 거쳐 궁전 한 바퀴를 돈다. 총 9개 정류장이 있으며 홉온홉오프Hop-on Hop-off 버스처럼 원하는 곳에 내렸다가 다시 탈 수 있다. 중간에 내리지 않고 전체를 다 돌 경우 약 45분 소요된다. 15~22분 간격으로 다니며 운행 시간은 시기에 따라 다르다. 좀 더 자세한 정보는 홈페이지 www.viennasightseeing.at/schoenbrunn 참고.

€ 성인 €15, 3~16세 €8, 비엔나 카드 소지자 20% 할인, 비엔나 패스 소지자 무료

> **TIP 쇤브룬 궁전 콘서트**
>
> 1786년 모차르트가 공연했던 오랑제리에서 쇤브룬 궁전 오케스트라의 연주와 2명의 오페라 가수 공연을 감상할 수 있다. 공연은 매일 오후 8시 30분에 시작해 10시 15분 정도에 끝나며 요금은 좌석에 따라 €55~125다. 저녁 식사, 쇤브룬 궁전 등이 포함된 티켓도 있다. 더 자세한 사항 및 예약은 www.imagevienna.com 참고.

Kunst Haus Wien
쿤스트 하우스 빈

20세기 오스트리아 미술계에서 가장 중요한 예술가 중 한 명인 건축가이자 생태주의자인 프리덴슈라이히 훈데르트바서Friedensreich Hundertwasser가 설립한 박물관으로, 그가 만든 또 다른 명소 훈데르트바서 하우스와도 가깝다. 세계 최대의 훈데르트바서의 회화, 그래픽, 건축설계도 등 많은 컬렉션을 전시하고 있다. 특히 이곳은 환경을 생각한 건물로 옥상의 잔디와 건물 곳곳에 놓인 식물로 빈 최초의 녹색 미술관Green Museum으로도 선정됐다. 케이크와 커피를 파는 카페와 기념품을 살 수 있는 숍도 있다.

- 트램 1번, O번 라데츠키플라츠Radetzkyplatz 정류장에서 도보 5분
- 매일 10:00-18:00
- 성인 €15, 65세 이상 €12, 26세 이하 학생 · 19세 이하 €6, 10세 이하 무료
- www.kunsthauswien.com

Hundertwasser Haus
훈데르트바서 하우스

빈 시의 건의로 빈 제3구역에 세워진 공동주택으로 훈데르트바서가 1985년 건설했다. 건축가이자 화가인 그는 강렬한 색채로 외관을 꾸미고 서로 다른 모양의 창문으로 각각의 개성을 불어넣었으며, 평평한 바닥과 일직선의 복도를 만들지 않으려고 노력했다. 층수는 3층부터 9층까지이며 공공 공간으로는 카페와 놀이터, 개인적인 파티를 위해 사용할 수 있는 원터 가든이 있다. 또한 환경을 중요시하는 그는 쿤스트 하우스처럼 지붕에 250종류의 초목을 심어 정원을 만들었다.

- 트램 1번 헤츠가세Hetzgasse 정류장에서 도보 2분
- www.kunsthauswien.com/de/ausstellungen/museum-hundertwasser

Grinzing
그린칭

빈 중심가에서 30~40분이면 닿을 수 있는 그린칭에는 드넓은 와이너리와 '호이리거Heuriger'라 불리는 선술집이 많다. 호이리거에서는 올해 수확한 포도로 만든 햇와인인 '호이리게Heurige'를 맛볼 수 있는데, 대문에 소나무 가지가 걸려 있다면 호이리게를 팔고 있다는 표시다. 1784년 요제프 2세 황제가 양조자들에게 그들 소유의 와이너리에서 와인을 팔 수 있도록 한 뒤 '호이리게'라는 문화가 생겨났고 지금까지 이어져오고 있다. 마을을 둘러보고 포도밭이 보이는 오솔길을 거닐다 보면 180만 명 넘게 사는 도시에 있다는 사실을 잊게 된다. 빈 와인은 해외 수출량이 미미해 쉽게 접할 수 없으니 틈을 내 그린칭의 호이리거에서 진귀한 와인을 맛보자. 바로 옆 동네인 하일리겐슈타트는 베토벤이 머물렀던 곳으로 함께 둘러보면 좋다.

MAYER AM PFARRPLATZ
마이어 암 파르플라츠

1617년부터 있던 참나무 양조 시설을 아직도 사용하는 곳으로, 1683년부터 운영해온 역사 깊은 호이리거다. 빈 근교 하일리겐슈타트에 자리하며, 이사를 70번 넘게 다녔던 베토벤이 잠시 살았던 곳으로 이 집에서 교향곡 제9번 '합창'을 작곡했다고 한다. 와인 리스트에 비해 메뉴는 빈약하지만 시내에서는 느낄 수 없는 포도나무로 꾸며진 정원에서 와인 한잔하기 좋은 곳이다.

- 📍 트램 D번 그린칭거 스트라세Grinzinger Strasse 정류장에서 도보 10분 / 지하철 U4 하일리겐슈타트 반호프Heiligenstadt Bahnhof 역 하차 후 버스 38A를 타고 페른스프레함트 하일리겐슈타트Fernsprechamt Heiligenstadt 정류장에서 하차해 도보 4분
- 📍 Pfarrpl. 2, 1190 Wien
- 🕐 매일 12:00-24:00
- 📞 +43 1 3701287
- € 슈니첼 €24.9~, 소고기 타르타르 €17.9~23.9
- ➤ www.pfarrplatz.at

Beethoven Museum
베토벤 박물관

청력 장애에 시달리던 베토벤이 동생에게 보내는 유서를 작성했던 집이었기에 '하일리겐슈타트 유서의 집Haus des Heiligenstadter Testaments'이라고 한다. 이곳에 머물면서 교향곡 6번 '전원'을 작곡했는데, 현재는 베토벤 박물관으로 사용하고 있다. 박물관 안에는 원고, 악보, 편지, 소각상 등이 전시되어 있으며 영상을 보며 음악 감상을 할 수 있고 헤드폰으로 유서도 들을 수 있다. 도보 3분 거리에 있는, 베토벤이 즐겨 찾던 호이리거인 마이어 암 파르플라츠에 들러 와인 한잔을 즐겨보아도 좋다.

- 트램 D번 그린칭거 스트라세Grinzinger Strasse 정류장에서 도보 15분 / 하일리겐슈타트 중앙역Heiligenstadt Bahnhof 하차 후 버스 38A를 타고 암브루스터가세Armbrustergasse 정류장에서 하차해 도보 3분
- 화~일요일, 공휴일 10:00-13:00, 14:00-17:00, 월요일, 1/1, 5/1, 12/25 휴관
- 성인 €8, 19세 미만 무료, 비엔나 시티 카드 소지자 €6
- www.wienmuseum.at/beethoven_museum

Klimt Villa Wien
클림트 빌라 빈

클림트는 1911년부터 1918년까지 이곳에 살면서 주요 작품을 창작했다. 평범한 1층 빌라였던 이곳을 1923년 집 소유자가 네오 바로크 빌라로 개조했고 그 후로도 많은 개조를 거치면서 지금의 클림트 빌라로 관광 명소가 되었다. 당시 사진과 자료를 이용해 클림트가 사용한 마지막 아틀리에를 벽의 색과 가구, 팔레트, 붓까지 그대로 복원하고자 노력했다. 응접실도 과거 모습과 똑같이 재현해놓았다. 비록 주요 작품이 보관되어 있지 않지만 클림트 팬이라면 그의 마지막 아틀리에가 있는 이곳에서 깊은 감동을 느낄 것이다.

- 지하철 U4 운터 장크트 바이트Unter St. Veit역에서 도보 5분
- 수~일요일 10:00-18:00, 월~화요일 휴무
- 성인 €10, 학생 €5, 비엔나 시티 카드 소지자 €9, 비엔나 패스 소지자 무료
- www.klimtvilla.at

> **TIP 클림트가 잠든 곳**
>
> 클림트는 쇤브룬 궁전 남쪽에 있는 히칭 묘지Friedhof Wien Hietzing에 잠들어 있다. 나무 한 그루가 서 있는 소박한 무덤으로 5구역의 194, 195번을 찾아가면 된다. 히칭 묘지는 규모가 큰 편이라 인포메이션에서 위치를 확인하고 찾아가는 것이 좋다. 13구역 131번에는 클림트의 무덤과 크기부터 다른 오토 바그너의 큰 무덤이 있다.

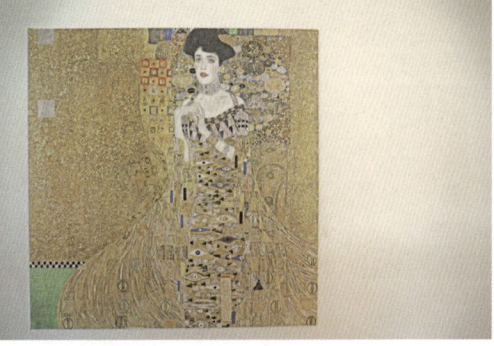

Augarten
아우가르텐

아우가르텐은 빈의 제2지구인 레오폴트슈타트Leopoldstadt에 있는 공원이자 도자기 브랜드다. 넓은 부지의 공원은 약 52만 m²에 달해 다 둘러보는 건 무리다. 처음에는 프라터Prater처럼 황제의 사냥터였다가 1766년 프라터가 공원으로 개장하면서 인기를 얻자 뒤이어 이곳도 1775년에 시민들에게 개방했다. 공원 안에는 아우가르텐 궁전을 비롯해 아우가르텐 도자기 공장, 여러 학술 시설, 수영장, 운동장, 바로크풍 정원 등이 있다. 빈 소년 합창단이 교육을 받고 기숙사 생활을 하는 곳이 바로 이곳 아우가르텐 궁전이다.

- 지하철 U2 및 트램 2번 타보르스트라세Taborstraße역에서 도보 3분
- 아우가르텐 도자기 공장 월~토요일 10:00-18:00, 일요일 휴무
- www.augarten.com

Wiener Zentralfriedhof
빈 중앙 묘지

빈의 인구보다 더 많은 약 300만 명의 무덤이 있는 빈 중앙 묘지는 유럽에서 두 번째로 규모가 크다. 음악가의 묘역으로 알려진 32A 구역의 중심에는 모차르트 묘가 있고, 모차르트 뒤쪽으로 베토벤과 슈베르트가, 슈베르트 옆으로 브람스, 그 옆으로는 요한 슈트라우스 2세가 잠들어 있다. 다만 모차르트는 기념비만 세워놓은 가묘로 그의 시신은 끝내 찾지 못했다. 음악 애호가라면 이곳을 첫 일정으로 잡고 하루를 시작해도 좋다. 존경하는 음악가가 있다면 정문 근처 꽃 가게에서 꽃다발이나 꽃 한 송이를 사 들고 찾아가보자.

- 트램 71번을 타고 첸트랄프리드호프 2.토어Zentralfriedhof 2.Tor 정류장 하차 후 도보 3분
- 매일 08:00-16:30

Kalenberg
칼렌베르크

도나우 강변을 중심으로 펼쳐진 빈 시내와 주변 자연을 한눈에 내려다볼 수 있는 산이다. 빈 시내에서 버스를 타고 갈 수 있으며 무더운 여름날이면 더위를 피해 많은 관광객이 몰리는 곳이기도 하다. 전망대로 올라가는 길에 작은 성당과 야외 테라스가 딸린 카페가 있어 전망을 즐긴 뒤 잠시 쉬어 가기에 좋다.

- 지하철 U4 하일리겐슈타트 반호프Heiligenstadt Bahnhof역 하차 후 버스 38A를 타고 칼렌베르크 정류장에서 하차 후 도보 6분

Prater
프라터 공원

프라터 공원은 세계에서 손꼽을 정도로 오래된 놀이공원 중 하나로 1403년부터 왕실의 사냥터로 이용되다가 1766년 요제프 2세 때 대중에게 개방되었다. 이후 레스토랑, 카페, 볼링장 등이 들어서고 프라터 공원의 상징인 대관람차 Wiener Riesenrad가 1897년 만들어졌다. 64m 높이의 관람차에 탑승하면 빈의 아름다운 도시를 한눈에 바라볼 수 있어 오늘날까지도 공원에서 가장 인기 있는 놀이기구이며 프라터 공원의 상징이다. 공원 내에는 유명 레스토랑과 카페가 있어 식사도 해결할 수 있고 마담 투소 등 다양한 즐길 거리가 가득하다. 또한 〈비포 선라이즈〉 등 영화 속 배경으로도 자주 등장해 많은 사람이 찾고 있다.

- 지하철 U1 프라터슈테른 Praterstern역, 트램 정류장에서 하차 후 도보 5분
- 프라터 공원 매일 10:00-19:45 대관람차 매일 10:00-21:45(매달 다름)
- 대관람차 €14, 비엔나 시티 카드 소지자 €13
- www.praterwien.com

SALZBURG

잘츠부르크

모차르트가 나고 자란 곳이라는 사실만으로도 잘츠부르크를 설명하는 데 부족함이 없지만, 모차르트가 전부라 하기엔 이 도시는 너무나 아름다운 것이 많다. 도시를 둘러싸고 있는 알프스, 보석처럼 반짝이는 잘자흐 강, '도레미송'으로 유명한 미라벨 정원, 외곽으로 나가면 나타나는 동화 속 마을 잘츠카머구트까지 이 모든 걸 꾹꾹 눌러 담았으니 시간이 금인 여행자에게 이보다 좋은 선택지가 또 있을까? 골목골목 클래식 선율이 흐를 것 같은 낭만의 도시, 잘츠부르크로 떠나보자.

TOURIST OFFICE
관광 안내소

Tourist-Info Salzburg Hauptbahnhof
- 잘츠부르크 중앙역
- Südtiroler Platz 1, 5020 Salzburg
- 10~5월 09:00-18:00, 6월 08:30-19:00, 7~8월 08:30-19:30, 9월 09:00-19:00

Tourist-Info Mozartplatz
- 모차르트 광장
- Mozartplatz 5, 5020 Salzburg
- 겨울 월~토요일 09:00-18:00, 봄 & 가을 매일 09:00-18:00, 여름 매일 09:00-18:30

* 잘츠부르크 관광 안내소의 자세한 오픈 시간 및 정보는 www.salzburg.info 참고

· 찾아가기 ·

Airplane
항공

잘츠부르크가 낳은 천재 음악가 볼프강 아마데우스 모차르트의 이름을 따서 모차르트 공항Salzburg Airport W. A. Mozart이라고 불리는 잘츠부르크 공항Salzburg Flughafen은 시내에서 남서쪽으로 약 5km 떨어져 있다. 우리나라에서 직항 편은 없으며 오스트리아항공, 루프트한자, KLM, 핀에어, 터키항공 편으로 경유해 갈 수 있다. 잘츠부르크 공항에 대한 좀 더 자세한 정보는 www.salzburg-airport.com 참고.

잘츠부르크 공항에서 시내로

1. 버스

공항 터미널 외부 버스 정류장	O-Bus 2번 버스 약 20분 소요, 10~20분 간격 운행 1시간 유효 티켓 €2.4	잘츠부르크
공항 터미널 외부 버스 정류장	O-Bus 10번 버스 약 20분 소요, 15~30분 간격 운행 1시간 유효 티켓 €2.4	라트하우스 & 모차르트스테크 버스 정류장

* 티켓은 자동판매기 혹은 잘츠부르크 교통 홈페이지(www.salzburg-verkehr.at)에서 구입할 수 있다.
* 포스트버스Postbus 180번, 260번을 이용해도 잘츠부르크 중앙역까지 이동할 수 있다. 단, 공항에서 오부스O-Bus를 타는 곳과는 조금 떨어져 있으니 주의할 것.

2. 택시

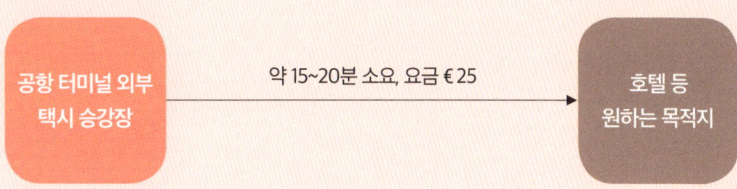

공항 터미널 외부 택시 승강장 → 약 15~20분 소요, 요금 € 25 → 호텔 등 원하는 목적지

TRAIN
기차

잘츠부르크는 독일 국경과 인접해 있어 오스트리아 연방 철도ÖBB뿐만 아니라 독일 철도 DB를 공동 운행하고 있다. 잘츠부르크는 오스트리아의 주요 도시, 국경이 인접한 뮌헨과 취리히, 베네치아 등 유럽 장거리 노선 및 야간 열차 등 다양한 기차 노선이 오고 간다. 잘츠부르크 중앙 역사에는 관광 안내소, 경찰서, 유실물 보관소, 짐 보관소 등 편의 시설이 있으며 구시가까지는 도보 약 15분 소요된다.

> **HOT TIP** 주요 도시~잘츠부르크 기차 이동 시간

빈	약 2시간 30분	인스부르크	약 1시간 50분
린츠	약 1시간 5분	그라츠	약 4시간
뮌헨	1시간 30분~1시간 50분	취리히	약 5시간 30분

BUS
버스

잘츠부르크 중앙역 정문으로 나오면 쥐트티롤러 광장 Südtiroler Platz에 버스 정류장이 있다. 오스트리아 지역 버스인 포스트버스는 잘츠부르크와 근교 도시를 연결하며 150번을 이용하면 장크트 길겐, 바트 이슐 등 잘츠카머구트 지역으로 갈 수 있다.

RENT A CAR
렌터카

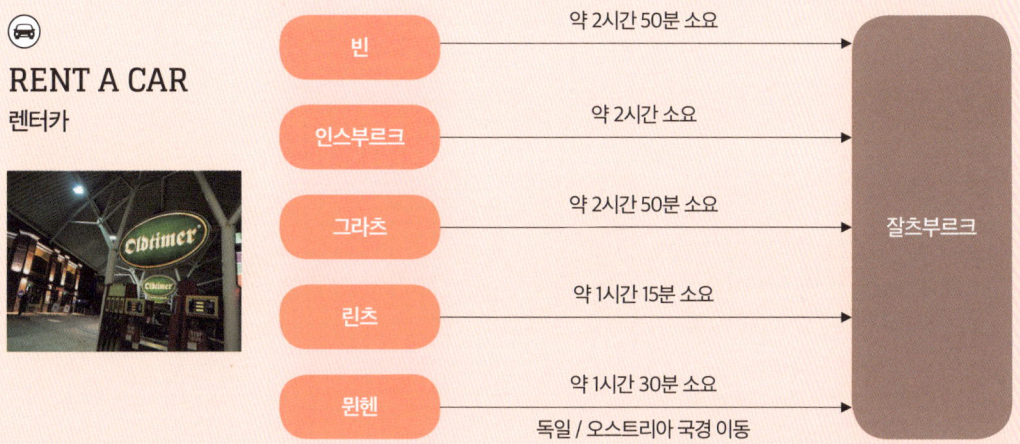

- 빈 → 약 2시간 50분 소요 → 잘츠부르크
- 인스부르크 → 약 2시간 소요 → 잘츠부르크
- 그라츠 → 약 2시간 50분 소요 → 잘츠부르크
- 린츠 → 약 1시간 15분 소요 → 잘츠부르크
- 뮌헨 → 약 1시간 30분 소요 (독일 / 오스트리아 국경 이동) → 잘츠부르크

· 시내 교통 ·

잘츠부르크는 버스는 친환경 트롤리 버스인 오부스O-Bus 12개 노선과 일반 버스인 알부스Albus 14개 노선으로 나뉘어 있다. 잘츠부르크 중앙역에서 구시가로 이동할 때는 알부스 23번, 25번, 840번을, 잘츠부르크 외곽에 있는 헬브룬 궁전에 갈 때는 25번 버스를 이용하면 된다. 교통 티켓 자동판매기에서 구입할 수 있고 요금은 1시간권 €2.3, 1일권 €4.7이다.

HOT TIP 잘츠부르크 카드 Salzburg Card

시내 대중교통을 무제한으로 이용할 수 있으며 모차르트 생가, 모차르트 레지던스 등 모든 관광 명소에 1회 무료 입장할 수 있다. 또한 잘자흐 강 유람선도 1회 무료로 탑승할 수 있으며 문화 행사 및 콘서트를 비롯해 투어 버스, 파노라마 투어도 할인받을 수 있다. 잘츠부르크 카드는 중앙역 및 모차르트 광장에 있는 관광 안내소에서 구입하면 된다. 관광청 홈페이지(www.salzburg.info)를 통해 온라인 카드로 구입, 모바일 폰에 저장한 후 사용하면 더욱 편리하다.

종류	1월~4월, 11월~12월		5~10월	
24시간권	성인 €28	만 6~15세 €14	성인 €31	만 6~15세 €15.5
48시간권	성인 €36	만 6~15세 €18	성인 €40	만 6~15세 €20
72시간권	성인 €41	만 6~15세 €20.5	성인 €46	만 6~15세 €23

· THINGS TO DO ·

미라벨 정원 둘러보기
영화 〈사운드 오브 뮤직〉의 무대, '아름다운 전경'이라는 뜻의 미라벨 정원

모차르트 생가 관람
모차르트가 태어나 17세까지 살며 작곡을 시작한 곳 둘러보기

선물용 초콜릿 구입
카페 콘디토라이 퓌르스트에서 모차르트쿠겔 구입

테라스 카페 브런치 즐기기
100년 전통의 카페 바자르에서 테라스 좌석에 앉아 커피와 브런치 즐기기

게트라이데 거리 걷기
철제 간판이 멋스러운 거리, 양쪽으로 쭉 들어선 숍에서 기념품 구입

전망대 감상
1000년 역사를 간직한 호엔잘츠부르크 성에 올라 도시 전경 내려다보기

잘츠부르크 1일 추천 코스

영화 〈사운드 오브 뮤직〉과 모차르트 관련 스폿 위주로 마을 중심가 한 바퀴를 산책하듯 돌아보면 된다. 대부분의 관광지가 모여 있을 뿐 아니라 도시 자체가 작아 도보 여행으로 충분히 가능하다.

1 도레미송을 흥얼거리며
미라벨 정원

도보 5분

2 클래식 팬이라면 놓치지 말자
모차르트 생가

도보 1분

3 잘츠부르크에서 가장 번화한 곳
게트라이데 거리

도보 6분

4 모차르트가 오르간 연주를 한 곳
잘츠부르크 대성당

도보 2분

5 잘츠부르크 관광의 구심점
레지덴츠 광장

도보 10분

6 도시 전경을 한눈에 감상
호엔잘츠부르크 성

Mirabellgarten
미라벨 정원

잘츠부르크 신시가지의 미라벨 궁전 앞에 있는 정원으로 영화 〈사운드 오브 뮤직〉에서 마리아가 이곳에서 아이들과 함께 '도레미송'을 불러 더욱 유명해졌다. 규모는 작지만 자수 화단과 장미 정원 그리고 여러 조각상으로 꾸며진 정원은 관광객은 물론 현지인에게도 멋진 공간이 되고 있다. 이곳은 원래 1606년 대주교 볼프 디트리히Wolf Dietrich가 사랑했던 여인 살로메 알트Salome Alt와 그들의 아이들을 위해 만든 곳으로, 당시에는 알테나우Altenau라는 이름이었지만 이후 '아름다운 전경'이라는 뜻의 미라벨로 변경되었다. 1690년 바로크 건축가인 요한 베른하르트 피셔 폰 에를라흐Johann Bernhard Fischer von Erlach가 재구성해 바로크양식의 아름다운 정원이 완성되었다. 미라벨 궁전은 현재 콘서트와 결혼식이 열리는 곳으로 이용되며 정원 주변에는 바로크 박물관이 있다.

📍 잘츠부르크 중앙역Salzburg Hbf 앞에서 버스 2, 3, 5, 6번 탑승, 미라벨 정원Mirabellgarten 정류장에서 하차 / 중앙역에서 도보로 약 15분

City Round Trip by Boat Tour 1

운행 기간 및 시간(1시간 간격으로 운행)

- 12시부터 18시까지 1~2시간 간격으로 출발(출발 및 배차 시간은 날짜별로 다름, 홈페이지 참고)
- € 성인 €17, 4~14세 €8
- 마르코 파인골드 다리 근처(Franz Josef Kai 1a)에서 출발
- Ferdinand-Hanusch-Platz, 5020 Salzburg
- salzburghighlights.com

Salzach River
잘자흐 강

오스트리아와 독일을 흐르는 225km 길이의 강이다. 독일어로 '소금'을 뜻하는 '잘자흐'는 19세기까지 이 강을 통해 배로 소금을 운반했기 때문에 붙여진 이름이다. 강은 남서에서 북으로 흐르며 동쪽이 신시가지, 서쪽이 구시가지다. 모차르트 다리Mozartsteg 등 여러 다리가 있지만, 가장 많이 이용하는 것은 마카르트Makartsteg다. 보행자 전용 아치형 다리로 철조망으로 된 외벽은 많은 연인이 영원한 사랑의 뜻으로 매달아놓은 자물쇠로 가득하다. 또한 잘자흐 강과 호헨잘츠부르크 성의 멋진 야경을 감상하기 좋은 포인트이기도 해서 밤이면 많은 연인으로 붐빈다. 강을 약 40분간 돌며 잘츠부르크를 감상하는 크루즈 투어도 운행하고 있다.

Mozart Wohnhaus
모차르트의 집

1773년부터 1780년까지 모차르트가 살았던 집으로 제2차 세계대전 때 심하게 파손됐지만 1996년 재건, 모차르트 박물관으로 재탄생했다. 모차르트의 문서와 초상화를 감상할 수 있고 모차르트 가족에 대한 역사도 알 수 있다. 모차르트 생가에서 도보로 이동할 수 있다.

- 미라벨 정원에서 도보 4분
- 10:00-18:00
- € 성인 €14, 19세 이하 €4.5, 비엔나 시티 카드 소지자 €10
- www.mozarthausvienna.at

Marionetten Theater
마리오네트 극장

마리오네트는 실을 매달아 조작하는 인형극으로 르네상스 때부터 19세기에 걸쳐 인기를 끌었다. 바로크양식의 350석 규모의 관람석에서 수준 높은 인형극을 감상할 수 있다. 〈사운드 오브 뮤직〉 등 우리에게 익숙한 레퍼토리도 있어 한국 자막이 없어도 무리 없이 관람할 수 있다.

- 모차르트의 집에서 도보 2분
- 매달 다름(홈페이지에서 확인 요망)
- € I석 €43, II석 €38, III석 €33(극에 따라 다름)
- www.marionetten.at

Mozartplatz
모차르트 광장

잘츠부르크 관광 안내소 앞에 자리 잡은 광장으로 볼프 디트리히 폰 라이테나우 대주교의 명으로 만들어졌다. 광장 중앙에는 모차르트 동상이 서 있는데, 이 동상은 모차르트를 숭배한 바바리아의 왕 루드비히 1세의 기부로 독일의 조각가 루드비히 슈반탈러Ludwig Schwanthaler가 만들었으며, 1842년 모차르트의 두 아들이 참석한 가운데 제막식을 거행했다.

📍 레지덴츠 광장 Residenzplatz 에서 도보 2분

Residenzplatz
레지덴츠 광장

잘츠부르크 관광의 구심점이 되는 광장으로 이곳을 중심으로 관광지, 레스토랑 등이 운집해 있다. 광장 중앙에는 잘츠부르크 시내에서 가장 아름다운 바로크양식의 분수가 있다. 이탈리아 조각가 토마소 디 가로나Tommaso di Garona의 작품으로 신화 속 인물과 금방이라도 바위에서 튀어나올 듯한 말들이 조각되어 있다. 파노라마 박물관, 음악 종탑, 대성당 등 12세기부터 만들어진 관광지가 광장을 둘러싸고 있으며 현재는 라이브 콘서트, 신년 전야제 등 행사 장소로 사용된다. 12월이 되면 크리스마스 마켓이 열리는 곳이다.

📍 잘츠부르크 대성당과 인접

Kapitelplatz
카피텔 광장

대성당 수도원의 터로, 1803년 대주교가 해산될 때까지 높은 직위의 성직자들이 광장 인근 거리의 궁전에 거주했다. 잘츠부르크에서 가장 활기 넘치는 곳으로, 거대한 체스 조각으로 게임을 하는 사람들, 여러 가지 소품과 음식 등을 판매하는 장터로 떠들썩하다. 또한 유명 조각가 스테판 발켄홀Stephan Balkenhol의 예술 작품인 황금색 대형 공 위에 사람이 서 있는 '스파이라Sphaera' 등 볼거리가 다양하다.

📍 레지덴츠 광장에서 도보 3분

Getreidegasse
게트라이데 거리

미라벨 정원에서 슈타츠 다리Staatsbrücke를 건너면 나오는 거리다. 좁고 긴 거리 양쪽으로 카페와 레스토랑, 숍이 들어서 구시가지의 대표적인 번화가로 통한다. 게트라이데 거리를 걷다 보면 숍마다 걸린 철제 간판이 눈에 들어온다. 멋스러운 간판은 글을 몰라도 그림 덕에 어떤 숍인지 쉽게 알아볼 수 있다. 세월을 간직한 클래식한 건물과 함께 조화를 이뤄 쇼핑은 물론 기념사진을 촬영하기에도 좋은 거리다.

📍 레지덴츠 광장에서 도보 5분

케이블카

Festung Hohensalzburg
호엔잘츠부르크 성

잘츠부르크의 상징인 호엔잘츠부르크 성은 구시가지 남쪽 묀히스베르크 언덕에 있는 중세 고성으로 1077년 남부 독일 제후가 공격해올 것을 대비해 게브하르트 대주교가 지었다. 창건 이후 17세기까지 여러 차례에 걸쳐 확장, 개축되었으며 파손되지 않고 보존된 성채 중에서는 중부 유럽 내 최대 규모다. 성 내부에는 대주교가 머물렀던 방과 무기, 공예품이 전시된 박물관이 운영 중이며, 콘서트홀과 모차르트와 하이든이 사용했다는 오르간이 보존되어 있다. 또한 잘츠부르크의 아름다운 시내 전경을 한눈에 감상할 수 있어 더욱 인기다. 시내에서 도보로 20분 걸리며 페스퉁스 거리에서 케이블카Festungsbahn Salzburg 를 타고 이동할 수 있다.

📍 레지덴츠 광장에서 도보 20분
🕘 09:30-17:00
€ 성인 €11.2, 6~14세 €4.6, 케이블카 포함 성인 €14.5, 6~14세 €5.9

DomQuartier Salzburg
돔크바르티어 잘츠부르크

잘츠부르크 마을 중심에 있는 박물관으로 레지던스 궁전과 돔, 수도원 등이 복도로 연결되어 있다. 과거 대주교가 살았던 곳을 2014년부터 일반에게 공개하기 시작했다. 이 곳은 총 3층짜리 건물에 10개 공간으로 이루어졌으며 무료로 제공하는 오디오 가이드를 이용해 둘러보면 1시간 30분 정도 소요된다. 특히 3층에 있는 성당 오르간 갤러리에서는 대성당의 내부를 볼 수 있는데, 색다른 장관이 펼쳐지니 꼭 들러보도록 하자. 종교화, 대주교들이 모은 귀중한 보석으로 가득 찬 성배, 종교의식에 사용된 컵, 귀금속품 등이 전시되어 있어 볼거리가 가득하다.

- 레지덴츠 광장에서 도보 2분
- 10:00-17:00(7~8월 매일 10:00-18:00), 화요일, 12/24 휴관
- 성인 €13, 6세 미만 무료
- www.domquartier.at

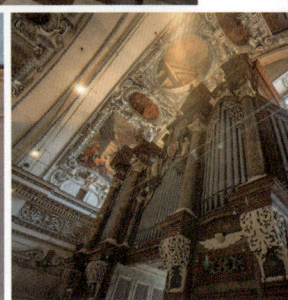

Mozart Geburtshaus
모차르트 생가

게트라이데 거리에서 유달리 눈에 띄는 노란 건물, 언제 가도 관광객이 줄을 서 있는 곳으로 1756년 모차르트가 태어나 17세까지 살며 작곡을 한 생가다. 현재는 2층에서 4층까지 박물관으로 개방했으며, 다수의 모차르트 자필 악보와 초상화, 편지 그 당시 애용한 바이올린, 피아노 등의 악기와 가구도 있어 모차르트의 역사를 들여다볼 수 있다. 모차르트가 살았던 방의 모습을 재현한 곳도 있으며, 1층 숍에서 각종 모차르트 관련 기념품과 자필 악보 복사본 등을 구입할 수 있다.

- 레지덴츠 광장에서 도보 5분
- 09:00-17:30
- 성인 €13.5, 6~14세 €4
- www.mozarteum.at

Grosses Festspielhaus
대축전 극장

세계적으로 유명한 잘츠부르크 음악제의 연주회장으로 오페라와 콘서트 등이 주로 열린다. 건축가 클레멘스 홀츠마이스터의 설계로 1960년 완성되었다. 무대는 세계 최대급으로 가로 32m, 높이 9m이며 무대 뒤로 길이 100m, 폭 25m의 넓은 공간이 있다. 좌석 수는 2179석이며 특히 음향 시설이 뛰어나다. 대부분의 좌석은 넓은 시야를 자랑하지만 2층 기둥이 있는 곳은 무대 시야를 방해하기 때문에 저렴한 가격으로 제공한다. 매년 음악제와 오페라, 연극이 열리고 홈페이지나 에이전시를 통해 예매할 수 있다. 공연에 따라 주의해야 할 옷차림이 있으니 티켓이나 홈페이지를 참고하자.

- 레지덴츠 광장에서 도보 7분
- 공연에 따라 다름
- 공연과 좌석에 따라 다름
- www.salzburgerfestspiele.at

Salzburg Museum
잘츠부르크 박물관

1834년 문을 연 이곳은 잘츠부르크의 역사와 문화, 예술 등 풍부하고 다양한 볼거리를 자랑한다. 총 15개 섹션으로 나뉘어 있고, 청동기시대부터 중세 시대, 대주교가 잘츠부르크를 통치하던 19세기 자료까지 소장되어 있다. 특히 낭만주의 화가들의 회화 작품이 많으며, 이 밖에도 중요한 지역 인물과 예술가, 사진작가 등을 조명하는 특별전도 열린다. 확장 공사로 2026년 가을까지 폐관 예정이다.

- 레지덴츠 광장에서 도보 1분
- 화~토요일 09:00-17:00, 월요일 휴무(단, 7~8월 월요일 09:00-17:00 오픈)
- 성인 €9, 6~15세 €3
- www.salzburgmuseum.at

Dom zu Salzburg
잘츠부르크 대성당

8세기에 건립된 역사적인 건물로 유럽 건축의 아름다움을 느낄 수 있다. 내부에 들어서면 마치 당시로 타임 슬립한 기분이 드는데 화재와 전쟁 등 오랜 격동의 역사를 지나온 곳이라 감회가 남다르다. 무엇보다 모차르트가 이 성당에서 세례를 받은 뒤 오르간 연주자로 봉직한 곳으로 유명하다. 성당 중앙의 돔에 그려진 프레스코화가 이곳의 가장 큰 매력이다. 다수의 회화와 조각상이 있어 예술과 역사를 좋아하는 여행자라면 꼭 한번 둘러봐야 할 성당이다.

- 레지덴츠 광장에서 도보 1분
- 무료

Stift Nonnberg
논베르크 수도원

영화 〈사운드 오브 뮤직〉의 마리아가 수도원 생활을 한 곳으로 유명한 논베르크 수도원은 베네딕트교에서 715년에 세운 독일권에서 가장 오래된 수녀원이다. 수차례의 화재로 손실된 예배당은 1880년대에 현재 모습인 바로크 스타일로 재건되었으며, 화려하지는 않지만 세월이 느껴지는 엄숙함과 고요함이 묻어나는 곳이다. 수도원 내부는 비공개이지만 공동묘지와 예배당은 견학할 수 있으며, 지하에는 초대 수도원장의 묘가 있다. 도보 방문 시 호엔잘츠부르크 성으로 올라가는 길에 있어 가파른 언덕길을 감수해야 한다.

- 레지덴츠 광장에서 도보 8분
- 06:30-18:00(겨울은 해 질 녘까지, 예배당 견학은 수도원 사정에 따라 다름)
- € 무료
- www.nonnberg.at

Erzabtei Stif St.Peter & Friedhof
성 베드로 수도원 & 묘지

7세기에 성 루페르트가 설립한 이곳은 독일권에서 가장 오래된 수도원이다. 몇 번의 화재가 일어난 뒤 로마네스크, 르네상스, 로코코 양식이 결합된 건축물로 복원되었다. 13세였던 모차르트가 수도원장을 위해 미사곡 Dominicus Mass을 작곡, 연주한 곳으로도 유명하다. 묘지는 일반묘지와 지하묘지로 나뉘는데 고딕 양식의 성당을 둘러싸고 있는 아름답고 오래된 유명인들의 묘지로써 예술가, 학자는 물론 모차르트의 누나 난네의 묘도 있다. 관광객이 찾는 이유 중 하나는 영화 〈사운드 오브 뮤직〉에서 트랩 일가가 스위스로 안전하게 탈출하기 위해 안식처로 삼은 곳이기 때문이다.

- 레지덴츠 광장에서 도보 3분
- **수도원** 5~9월 10:00-12:30, 13:00-18:00, 10~4월 10:00-12:30, 13:00-17:00, 1/1, 12/24~26, 12/31 휴관, 미사 중에는 입장 불가 **묘지** 여름 06:30-19:00, 겨울 06:30-17:30
- € 성인 €2, 6~18세 €1.5
- www.stift-stpeter.at

· SPECIAL ·

The Sound of Music Tour

〈사운드 오브 뮤직〉 투어

1965년에 개봉한 뮤지컬 영화 〈사운드 오브 뮤직〉은 미국을 넘어 전 세계적으로 많은 사랑을 받았으며 지금까지도 기억되고 있다. 논베르크 수녀원의 수녀 마리아는 폰 트랩가의 가정교사로 파견을 나가고, 폰 트랩 대령과 그의 자녀 7명은 마리아와 음악을 통해 마음을 열게 된다. 아름다운 알프스가 펼쳐지는 첫 장면부터 주인공들이 스위스로 망명하는 마지막 장면까지 한시도 눈을 뗄 수 없다. 〈사운드 오브 뮤직〉의 발자취를 따라다니는 투어는 지금까지도 인기를 누려 여러 투어업체에서 운영 중이다. 그중 파노라마 투어에서 진행하는 일정을 소개하니 참고하자.

① 미라벨 정원 Mirabellgarten
마리아와 7남매가 '도레미송'을 부르는 장면에 등장하며, 정원 중앙의 대분수와 페가수스 분수, 아이들과 마리아가 머리를 터치하는 난쟁이 동상을 찾아보는 재미도 쏠쏠하다. 난쟁이 동상은 페가수스 분수 근처의 난쟁이 정원에 있다.

② 레오폴트스크론 궁전 Schloss Leopoldskron
폰 트랩 대령의 저택으로 알려진 곳으로 이 주변에서 촬영했다. 궁전 앞 호수는 마리아와 7남매가 호수에서 배를 타고 놀다가 대령을 보고 인사하면서 배가 뒤집히는 장면에 등장한다.

③ 헬브룬 궁전, 가제보 Schloss Hellbrunn
대령의 맏딸 리즐이 우체부와 함께 'Sixteen Going on Seventeen'을 부르는 장면에 등장한다.

④ 논베르크 수도원 Stift Nonnberg
마리아가 수녀였을 때 지냈던 수도원으로 이 투어에서는 멀리서만 보고 지나간다.

⑤ 장크트 길겐 St. Gilgen
영화 오프닝 장면에 등장하며 잘츠카머구트의 웅장한 알프스가 시원스레 펼쳐진다.

⑥ 몬트제 Mondsee
폰 트랩 대령과 마리아가 결혼식을 올린 곳은 성 미카엘 성당 Basilika St. Michael으로 몬트제에 있다.

Panorama Tours
파노라마 투어

미라벨 정원 맞은편에서 미팅 및 출발해 〈사운드 오브 뮤직〉에 등장했던 명소들을 방문한다. 하루 2번 진행되며 루트는 현지 사정에 따라 변동될 수 있고 미라벨 정원은 투어 처음 혹은 마지막에 방문한다. 투어 버스가 여러 대인 경우 번호판을 찍어두어야 자유 시간 후 다시 탑승할 때 헷갈리지 않는다.

- ⏱ 09:15, 14:00 (약 4시간 소요)
- € 성인 €60, 4~12세 €30
- 🔗 www.panoramatours.com

Restaurant & Cafe

CAFE KONDITOREI FÜRST
카페 콘디토라이 퓌르스트 |카페|

선물용으로 많이 구입하는 모차르트 초상화가 그려진 수제 초콜릿 모차르트쿠겔Mozartkugel의 원조인 곳으로 1890년 이곳의 창업자 파울 퓌르스트가 쿠겔을 처음 만들었다. 쿠겔은 피스타치오 마지팬에 다크 초콜릿을 감싼 디저트로 다른 곳에도 유사품이 많지만 수제로 만드는 이곳 쿠겔의 맛은 따라오지 못한다. 카페에서는 오스트리아 인기 케이크 토르테를 비롯해 여러 가지 케이크, 밀푀유, 아이스크림, 밀크셰이크 등을 판매하고 있어 선택의 폭이 넓다.

- 레지덴츠 광장에서 도보 2분
- Brodgasse 13, 5020 Salzburg
- 월~토요일 08:00-19:00, 일요일 10:00-17:00
- 쿠겔 290g €7.99~
- www.original-mozartkugel.com

ESSZIMMER
에스짐머 |미슐랭|

미슐랭 1스타 레스토랑으로 메뉴는 단품과 3가지 코스 요리로 구성되어 있으며, 채식Green 및 인터내셔널 요리Andreas Kaiblinger 그리고 오스트리아식Esszimmer이 있다. 재료 본연의 맛을 살리면서 향신료를 가미하거나 밥 대신 튀밥을 사용하는 등 다양한 실험 정신이 가득하지만, 관자와 소고기 같은 친숙한 재료를 사용해 호불호가 적다. 예약을 추천한다.

- 모차르트 광장에서 27번 버스 탑승, 잘츠부르크 LKH/St 정류장에 하차 후 도보 1분
- Müllner Hauptstraße 33, 5020 Salzburg
- 화요일 및 목~토요일 런치 12:00-14:00, 디너 18:00-22:00, 수요일 디너만 운영, 일, 월요일 휴무
- 거위 간 애피타이저 €45, 연어 구이 €38~, 뇨키 €45~
- www.esszimmer.com

BÄRENWIRT
베렌버트 |오스트리아식|

현지인과 관광객으로 늘 붐비는 오스트리아 요리 전문 레스토랑이다. 한국인 사이에서는 슈니첼 맛집으로 유명한데, 푸짐하고 바삭하며, 라즈베리 소스와 함께 먹으면 느끼함도 싹 잡아주니 한번 맛보도록 하자. 이곳의 시그너처인 프라이드치킨도 인기 메뉴 중 하나이며, 수도원 맥주Augustiner도 있어 아우구스티너 브로이를 갈 여유가 없는 관광객은 이곳에서 맛보는 것을 추천한다. 붐비는 시간에는 합석하기도 하니 예약은 필수다.

- 모차르트 광장에서 강을 따라 도보 15분
- Müllner Hauptstraße 8, 5020 Salzburg
- 런치 11:30-14:00, 디너 17:30-21:00, 비정기 휴무
- 슈니첼 €18.9, 치킨 반 마리 €18.9
- www.felleis-knittelfelder.at/baerenwirt

ORGANIC PIZZA SALZBURG
오가닉 피자 잘츠부르크 | 피자 |

얇은 도우와 푸짐한 토핑으로 만드는 피자가 인기인 레스토랑. 채식 피자가 추천 메뉴이며, 햄이 들어가 짭짤한 피자는 맥주와 함께 먹는 것을 추천한다. 유기농 재료를 사용하는데도 저렴한 가격으로 인기를 끌며, 맛은 물론 누구에게나 친절한 직원의 태도도 높은 점수를 받고 있다.

- 린처 거리에서 도보 7분
- Franz-Josef-Straße 24A, 5020 Salzburg
- 수~금요일 17:00-22:00, 토요일 12:00-14:30, 17:00-21:00(토요일 디너 ~22:00), 화요일 휴무
- 피자 한 판 €10.8~
- www.organicpizza-salzburg.com

AUGUSTINER BRÄU-KLOSTER MÜLLN
아우구스티너 브로이 | 양조장 |

오스트리아 양조장 중에서 가장 큰 규모를 자랑하는 아우구스티너는 1621년부터 약 400년간 이어온 뮐른 수도원의 비밀 레시피로 만들어오고 있다. 실내와 야외에 약 2000좌석이 있는 큰 규모를 자랑하며, 먼저 카운터에서 계산한 후 직접 수돗가에 배치된 맥주잔을 골라 물에 씻은 뒤 맥주를 받아 자리를 잡는 옛 방식을 그대로 이어가고 있다. 푸드 코트처럼 다양한 안주도 판매하며 10명 이상 그룹으로 양조장 견학 투어도 진행하고 있다. 날씨가 좋은 날은 이른 시간부터 만석이므로 조금 서두르는 것이 좋다.

- 모차르트 광장에서 27번 버스 탑승, 잘츠부르크 LKH/St 정류장에서 하차 후 도보 약 10분
- Lindhofstraße 7, 5020 Salzburg
- 월~금요일 15:00-23:00, 토~일요일, 공휴일 14:30-23:00, 1/1, 12/24~12/25, 12/31 휴무
- 맥주 1L €3.4
- www.augustinerbier.at

RESTAURANT STIEGLKELLER
레스토랑 슈티글켈러 |펍|

오스트리아에서 제일 오래된 맥주 생산사인 슈티글켈러는 잘츠부르크의 로컬 맥주이자 모차르트가 사랑한 맥주로도 유명하다. 호엔잘츠부르크 성Festung Hohensalzburg 근처에 있어 관광을 마치고 내려오는 길에 방문하기에 편리하다. 이곳의 가장 큰 매력은 탁 트인 야외 정원의 시내가 한눈에 보이는 최고 전망에서 즐기는 맥주 한잔이다. 맥주 저장소답게 IPA, Bock, Pils 등 다양한 종류의 맥주를 갖추고 있으며, 오스트리아 요리 슈니첼도 함께 즐길 수 있어 더욱 좋다.

- 레지덴츠 광장에서 도보 5분
- Festungsgasse 10, 5020 Salzburg
- 11:30~23:00(마지막 주문 21:00), 비정기 휴무
- 맥주 200ml €4.9~, 슈니첼 €26
- www.restaurant-stieglkeller.at

CAFÉ TOMASELLI
카페 토마셀리 |카페|

카페 자허Café Sacher와 함께 잘츠부르크의 2대 카페로 불리는 곳이다. 1700년에 오픈해 모차르트도 단골이었던 이곳은 아인슈페너의 원조 카페로, 아인슈페너를 맛보려는 현지인과 관광객으로 실내와 테라스 좌석은 항상 붐빈다. 서버가 케이크가 가득 담겨 있는 트레이를 가지고 직접 테이블을 돌면서 주문받고 바로 계산하는 모습이 색다르다.

- 레지덴츠 광장에서 도보 2분
- Alter Markt 9, 5020 Salzburg
- 월~토요일 07:00~19:00, 일요일 08:00~19:00
- 아인슈페너 €4.8, 멜랑쉬 €4.8
- www.tomaselli.at

BOSNA GRILL
보스나 그릴 |핫도그|

바삭하고 부드러운 빵에 돼지고기 소시지와 취향에 맞춰 양파를 넣어서 먹는 심플한 핫도그이지만 비법의 가루를 넣어 잊지 못할 맛이 탄생한다. 한 번 먹으면 계속 생각날 정도로 중독성이 강하다. 테이크 아웃만 할 수 있으며, 간판에 'Bosna Grill' 이외에 핫도그를 주문받는 곳에는 'Balkan Grill'이라고 적혀 있으니 참고하자.

- 레지덴츠 광장에서 도보 7분
- Getreidegasse 33, 5020 Salzburg
- 매일 11:00~18:30, 비정기 휴무
- 핫도그 €4.3~

CAFÉ BAZAR
카페 바자르 | 카페

100년의 역사를 지닌 전통 커피 하우스로 유명 배우와 예술가, 시인들에게 사랑받아온 곳이다. 테라스 좌석에 앉아 강을 바라보며 여유롭게 브런치와 커피를 즐기기에 이만한 곳이 없어, 현지인들이 크루아상과 버터, 베이컨과 달걀 프라이가 세트로 나오는 브런치를 먹기 위해 아침부터 붐빈다. 날씨가 좋지 않아 실내에서 먹는다고 해도 실망은 금물이다. 고풍스럽고 아늑한 실내에서 바라보는 강 또한 매력적이기 때문이다.

- 린처 거리에서 도보 2분
- Schwarzstraße 3, 5020 Salzburg
- 월~토요일 07:30-19:30, 일요일 09:00-18:00
- 브런치 €8.2~, 카푸치노 €5.1~
- www.cafe-bazar.at

FABI'S FROZEN BIO YOGURT
파비스 프로즌 바이오 요거트 | 요거트 아이스크림

게트라이데 거리에 자리한 줄 서서 먹는 아이스크림 맛집이다. 요거트가 베이스인 소프트아이스크림은 사이즈에 따라 2~4가지의 원하는 토핑을 올릴 수 있다. 그래놀라, 생과일, 잼, 초콜릿 시럽 등 다양한 토핑 중 선택하면 된다. €0.5를 내면 토핑을 추가할 수 있으며, 담백한 요거트 아이스크림만 주문할 수도 있다.

- 레지덴츠 광장에서 도보 5분
- Universitätspl. 14, 5020 Salzburg
- 매일 12:00-20:00
- Small €3.4~, Medium €3.9~, Large €4.5~
- www.fabisfrozenyogurt.com

SALZKAMMERGUT
잘츠카머구트

알프스를 타고 흘러내린 물이 76개 호수를 만들었고 그 호수를 둘러싸고 소규모의 마을이 형성되면서 지금의 잘츠카머구트가 완성되었다. 마치 일부러 짜맞춰놓은 듯, 산과 호수와 마을의 조화가 그림처럼 아름답다. 모차르트 가문의 스토리가 더해진 장크트 길겐, 산악 열차를 타고 오르는 장크트 볼프강, 동화 속 마을 같은 할슈타트, 온천이 유명한 바트 이슐 등 저마다의 매력을 뽐내는 잘츠카머구트의 작은 마을들을 만나보자.

ST. GILGEN
장크트 길겐

볼프강 호수 서쪽에 자리 잡은 마을로, 아름다운 호수뿐만 아니라 모차르트의 어머니가 태어나고 그의 누나가 살던 곳으로 유명하다. 모차르트 광장에 가면 모차르트 동상이 있을 정도니 모차르트 가문이 이 마을의 주인공이라 해도 과언이 아니다. 케이블카를 타고 알프스의 멋진 뷰를 발아래로 내려다보는 기회도 놓치지 말자.

TOURIST OFFICE
관광 안내소

Tourist-Info St. Gilgen
- 모차르트 광장에서 도보 6분
- Mondsee Bundesstr. 1a 5340 St. Gilgen
- 월~금요일 09:00-17:00, 토요일 09:00-13:00, 일요일 휴무

* 잘츠카머구트 지역의 모든 관광 안내소에 대한 자세한 오픈 시간 및 정보는 wolfgangsee.salzkammergut.at 참고

· 찾아가기 ·

BUS
버스

잘츠카머구트 지역에서는 포스트버스Postbus를 타고 이동하는 것이 편리하며 150번 버스가 유용하다. 150번 버스는 잘츠부르크 중앙역 앞 버스 정류장에서 출발해 장크트 길겐을 거쳐 바트 이슐까지 이동하며 장크트 길겐 주변 마을인 푸슐제Fuschlsee, 스트로블Strobl도 다녀올 수 있다.

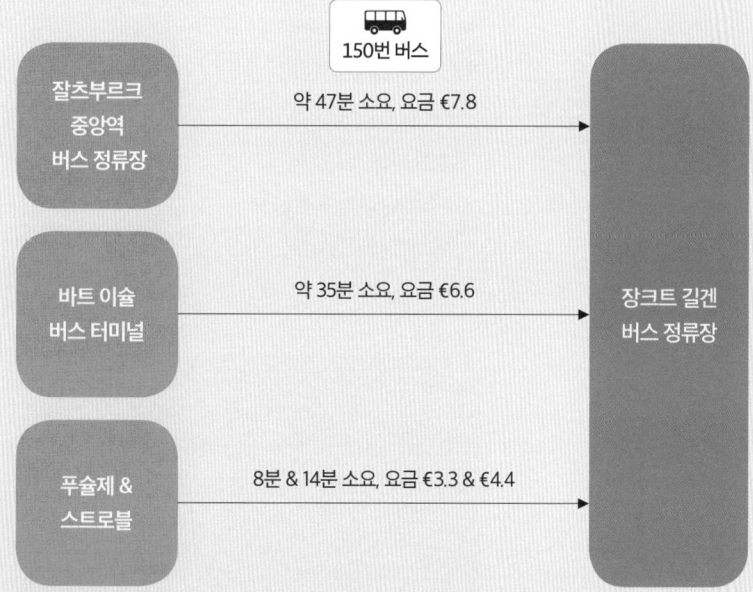

150번 버스

출발	소요/요금	도착
잘츠부르크 중앙역 버스 정류장	약 47분 소요, 요금 €7.8	장크트 길겐 버스 정류장
바트 이슐 버스 터미널	약 35분 소요, 요금 €6.6	
푸슐제 & 스트로블	8분 & 14분 소요, 요금 €3.3 & €4.4	

* 교통 애플리케이션 'Salzburg Verkehr'를 이용하면 편리하다.

* 장크트 길겐에는 정류장이 여러 곳 있으니 장크트 길겐 버스반호프 St. Gilgen Busbahnhof 정류장인지 확인하자.

FERRY
페리

볼프강 호숫가 Wolfgangsee 마을들을 잇는 페리는 장크트 길겐에서 빼놓을 수 없는 교통수단이다. 단, 페리 운행 시기에 따라 정박하는 마을이 줄거나 늘어나 소요 시간이 다소 차이 날 수 있다. 자세한 노선 정보는 www.wolfgangseeschifffahrt.at 참고.

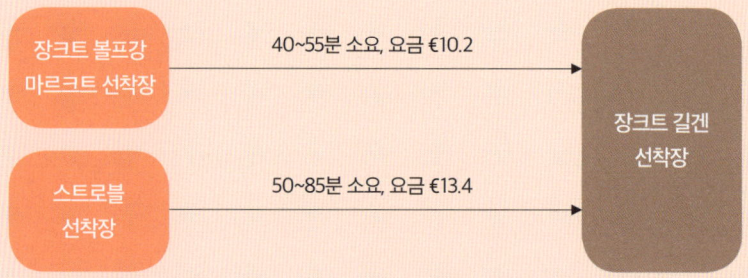

- 장크트 볼프강 마르크트 선착장 — 40~55분 소요, 요금 €10.2 → 장크트 길겐 선착장
- 스트로블 선착장 — 50~85분 소요, 요금 €13.4 → 장크트 길겐 선착장

RENT A CAR
렌터카

- 잘츠부르크 — 약 40분 소요 → 장크트 길겐
- 장크트 볼프강 — 약 25분 소요 → 장크트 길겐
- 바트 이슐 — 약 25분 소요 → 장크트 길겐
- 할슈타트 P1 주차장 — 약 50분 소요 → 장크트 길겐

TRAVEL HIGHLIGHT

Mozartplatz
모차르트 광장

장크트 길겐은 모차르트의 어머니가 태어나고 그의 누나가 살았던 곳이다. 모차르트 광장을 중심으로 알록달록한 색상의 건물과 바이올린 연주를 하는 어린 모차르트의 동상들이 둘러싸고 있다. 도시의 중심 광장답게 카페와 레스토랑 등이 많은데, 이곳 노천카페에 앉아 커피 한잔을 마시면 마치 중세 시대 마을에 들어와 있는 듯한 착각을 불러일으킨다. 볼거리가 많은 아기자기하고 생동감 넘치는 광장이다.

📍 장크트 길겐 버스 정류장에서 도보 4분

Zwölferhorn Seilbahn
츠뵐퍼호른 케이블카

볼프강 호수를 감싼 알프스산맥의 멋진 뷰를 감상하고 싶다면 케이블카를 탑승할 것. 1957년부터 운행하고 있는 색이 바랜 빨강, 노랑의 빈티지 케이블카에 몸을 실으면 단 15분 만에 해발 1476m 정상에 도착한다. 첫 운행 이후 총 850만 명의 승객이 사고 없이 탑승할 정도니 까마득한 높이에도 안심이 된다. 정상에 도착하면 수많은 산봉우리와 볼프강 호수, 장크트 길겐의 마을이 한 폭의 풍경화처럼 발아래 펼쳐진다. 중간중간에 벤치가 있어 사진 스폿으로도 그만이다. 이미 한국인에게는 필수 관광 코스가 되었으며 정상 카페에서는 한국 라면도 맛볼 수 있다. 하산 시간까지 고려해 탑승할 것을 추천한다.

📍 장크트 길겐 버스 정류장에서 도보 1분
🕐 4~10월 매일 09:00-17:00 / 기상에 따라 운행 여부 변동
€ 왕복 기준 성인 €34, 어린이 €20

Restaurant & Cafe

WIRT AM GRIES
비르트 암 그리스 | 오스트리아식 |

가정적인 분위기에서 식사를 즐기는 편안하고 따뜻한 레스토랑. 제철 재료로 만든 요리가 인기인데 관광객은 물론 현지인 사이에서도 슈니첼 맛집으로 통한다. 슈니첼은 돼지고기와 송아지 고기가 있으며 직접 잡은 생선 요리, 돼지 볼살 조림 등 다양한 메뉴가 준비되어 있다.

- 📍 모차르트 광장에서 도보 1분
- Steinklüftstrasse 6, 5340 St. Gilgen
- 수~금요일 17:30-20:30, 토~일요일 11:30-13:30, 17:30-20:30, 월~화요일 휴무
- € 슈니첼 €11~, 립아이 스테이크 €23
- www.wirtamgries.at

BÄCKEREI GOTTHARD OBAUER
베커라이 고트하르트 오바우어 | 베이커리 |

하늘색 외관과 초록색 창이 동화책에 나오는 집처럼 귀여운 동네 빵집이다. 아기자기한 외관과는 대조적으로 곡물, 우유, 버터 등 친환경 재료로 만든 건강 베이커리를 판매하며 정직한 품질을 자랑한다. 매일 아침 구워내는 빵이 이른 시간부터 현지인과 관광객을 맞이한다.

- 📍 모차르트 광장에서 도보 1분
- Steinklüftstraße 3, 5340 St. Gilgen
- 월~토요일 06:00-12:00, 일요일 휴무
- € 베이커리 €0.55~

ST. WOLFGANG
장크트 볼프강

호수가 아름다운 잘츠카머구트에서도 유난히 예쁜 호수로 유명한 마을이다. 고딕 양식의 성 볼프강 교구 성당과 호수를 나란히 놓고 사진을 찍으면 구도가 어떻든 인생 사진을 건질 수 있다. 날씨 좋은 날 산악 열차를 타고 샤프베르크 정상에 오르면 호수와 숲과 마을이 한 프레임에 담겨 장관이 펼쳐진다. 장크트 길겐에서 유람선을 타고 이동할 수 있다.

TOURIST OFFICE
관광 안내소

Tourist-Info St. Wolfgang
- 장크트 볼프강 마르크트 선착장 인근
- Au 140, 5360 St. Wolfgang im Salzkammergut
- 7~8월 월~금요일 09:00-18:00, 토~일요일 09:00-15:00, 9~6월 월~금요일 09:00-17:00, 토요일 09:00-12:00(6월 일요일 09:00-12:00)

· 찾아가기 ·

BUS
버스

장크트 볼프강으로 가는 유일한 포스트버스는 546번이다. 바트 이슐에서 출발하는 546번 버스는 장크트 볼프강 마을 초입을 거쳐 마을 중심인 마르크트 정류장을 지나 샤프베르크역 정류장까지 이동한다. 잘츠부르크에서 이동할 때는 150번 버스를 타고 스트로블에 하차해 546번 버스로 환승하면 된다.

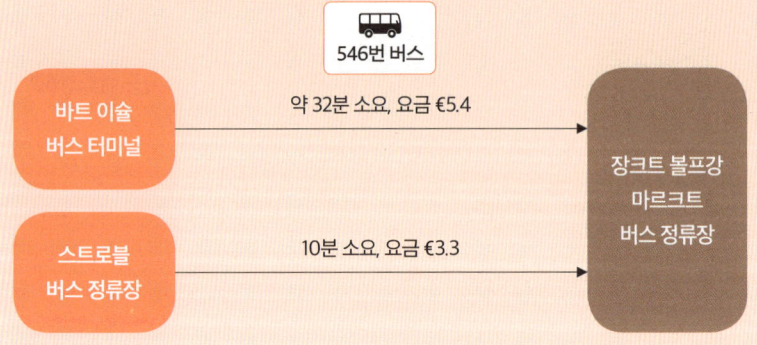

FERRY
페리

장크트 볼프강에서 페리를 타면 볼프강 호숫가 마을로 갈 수 있다. 장크트 볼프강에는 마을 중심에 있는 마르크트 선착장과 샤프베르크역 앞에 위치한 2개의 선착장이 있으며 마르크트 선착장에서 출발한 페리는 샤프베르크역 선착장을 지나 장크트 길겐으로 향한다. 참고로 페리 운행 시기에 따라 정박하는 마을이 줄거나 늘어나 소요 시간이 차이 날 수 있다. 자세한 노선 정보는 www.wolfgangseeschifffahrt.at 참고.

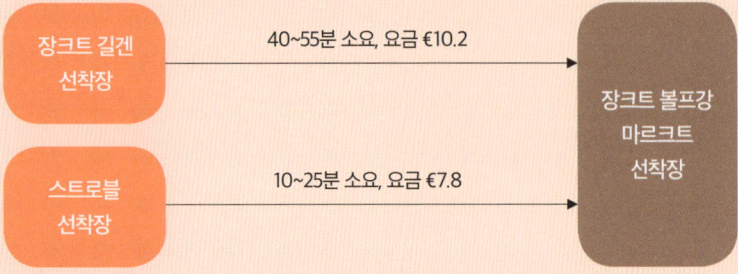

🚗
RENT A CAR
렌터카

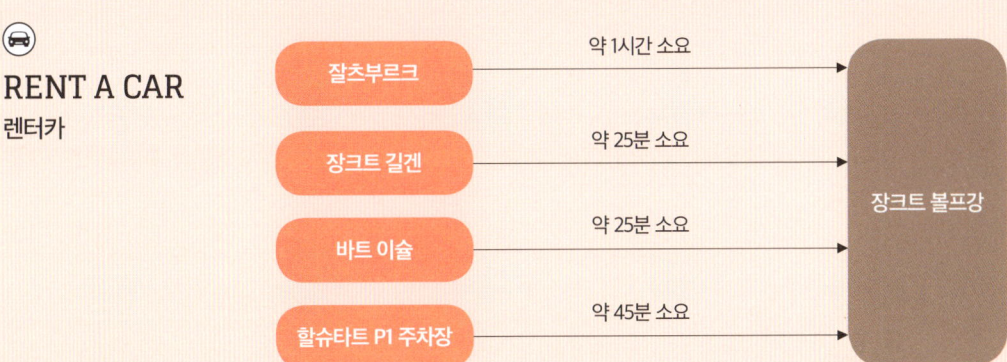

잘츠부르크	→ 약 1시간 소요 →	
장크트 길겐	→ 약 25분 소요 →	장크트 볼프강
바트 이슐	→ 약 25분 소요 →	
할슈타트 P1 주차장	→ 약 45분 소요 →	

· 장크트 볼프강 마을 산책 ·

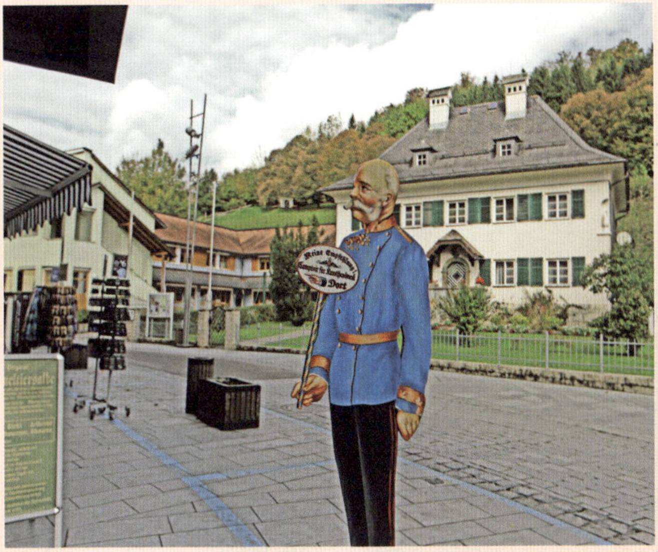

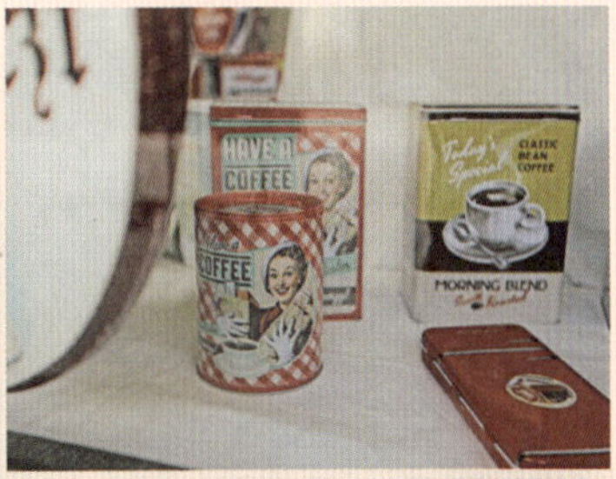

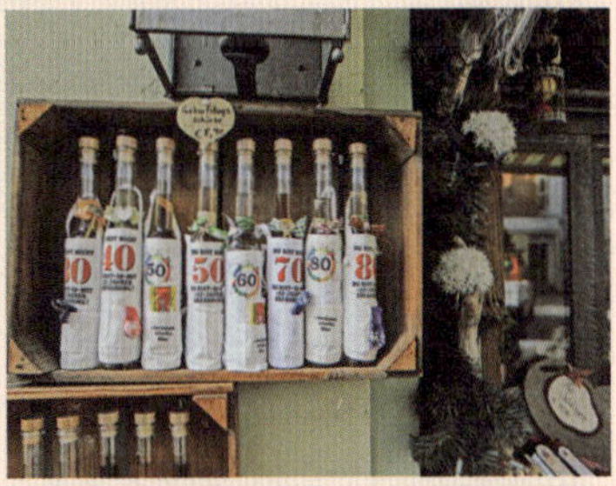

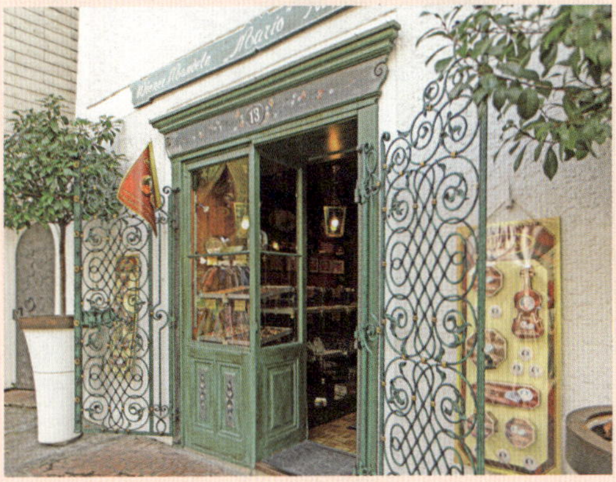

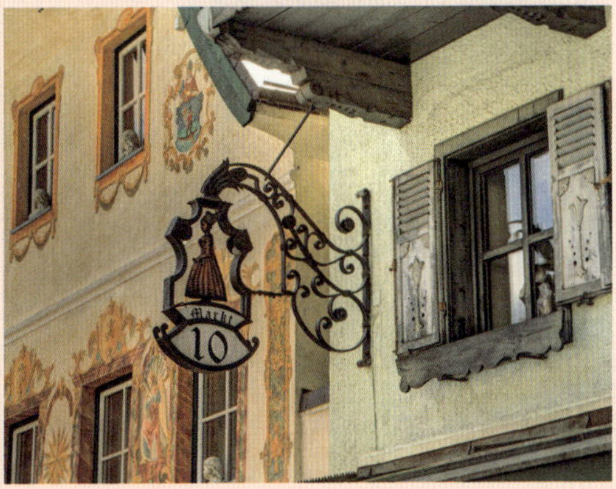

TRAVEL HIGHLIGHT

SchafbergBahn
샤프베르크 산악 열차

1893년부터 운영 중인 산악 열차로 장크트 볼프강에서 1783m 높이의 샤프베르크 정상까지 35분 걸린다. 단순한 산악 열차로 생각하면 금물! 35분 동안 오스트리아에서 가장 멋지다고 알려진 최고의 풍경을 선사하며 정상을 향해 달린다. 모던하면서 빈티지한 기관차에 오르면 잘츠카머구트 산맥 사이로 보이는 호수와 숲은 한 폭의 풍경화처럼 아름다운 장관을 이룬다. 정상에는 1862년에 문을 연 오스트리아에서 가장 오래된 호텔 샤프베르크슈피체Hotel Schafbergspitze도 있다. 테라스에서 커피 한잔하며 풍경을 마음껏 즐겨보자.

📍 샤프베르크 유람선 선착장에서 도보 1분
€ 성인 편도 €36.2 왕복 €51.4, 4~15세 편도 €18.1 왕복 €25.7

상행	D	A	B	A	B	B	B	B	B	C
St. Wolfgang Valley Station	08:50	09:15	10:10	11:10	11:50	12:50	13:30	14:50	15:30	16:30
Schafbergalm	09:15	09:40	10:35	11:35	12:15	13:15	13:55	15:15	15:55	16:55
Schafbergspitze	09:25	09:50	10:45	11:45	12:25	13:25	14:05	15:25	16:05	17:05

하행		A	B	A	B	B	B	B	B	C
Schafbergspitze		10:00	11:05	12:05	12:45	14:05	14:45	15:45	16:25	17:05
Schafbergalm		10:10	11:15	12:15	12:55	14:15	14:55	15:55	16:35	17:15
St. Wolfgang Valley Station		10:40	11:40	12:40	13:20	14:40	15:20	16:20	17:00	17:40

ST. WOLFGANG — Travel Highlight

A 5월 1일~11월 3일 매일 운행(매해 변동)
B 역에서 운행 시간 공지 및 기상이 좋을 경우 20분마다 운행
C 샤프베르크슈피체 호텔을 통해 사전 예약을 한 투숙객에 한해 이용 가능
D 6월 29일~9월 1일 일요일 운행(매해 변동)

▸ www.schafbergbahn.at

> **TIP**
> - 왕복 티켓을 구입했더라도 산악 열차 종착점에 도착하면 반드시 먼저 하산행 좌석을 예약하고 풍경을 감상하자. 예약자 우선 탑승이니 주의!
> - 열차 운행 시간은 현지 사정에 따라 변동될 수 있으며 기상 상황에 따리 운행을 중지할 수 있으니 참고하자.

Pfarrkirche St. Wolfgang
성 볼프강 교구 성당

1481년 화가이자 조각가인 미하엘 파허Michael Pacher가 만든 제단으로 유명한 성당. '마리아의 제단'은 독일 후기 고딕 양식의 대표 작품으로 중앙의 하느님 앞에 무릎 꿇은 마리아의 정교한 조각은 당시 목조각 기술의 최고봉을 이룬다. 제단 날개 부위의 그림도 르네상스 회화에 영향을 끼칠 정도로 작품성이 높다. 제단뿐만 아니라 천장과 벽면의 화려한 벽화를 감상하는 것만으로도 이곳을 방문할 가치가 있다.

- 마르크트Markt 선착장에서 도보 3분
- 월, 수, 금요일 08:00-12:00
- € 무료

Wolfgangsee
볼프강 호수

면적 13km², 수심 114m의 장크트 길겐, 장크트 볼프강, 아버제Abersee 등의 마을을 에워싸고 있는 호수다. 10세기 말 이곳에 교회를 세웠다고 전해지는 레겐스부르크Regensburg 주교인 성 볼프강에서 호수 이름이 유래되었다고 한다.

- 장크트 길겐에서 유람선Schifffahrt 탑승 후 장크트 볼프강 마을 초입까지 45분

ROMANTIK RESTAURANT KAISERTERRASSE IM WEISSEN RÖSSL

임 바이센 뢰슬 호텔 레스토랑 | 오스트리아식 |

임 바이센 뢰슬 호텔에서 운영하는 레스토랑 중 하나로 볼프강 호수의 아름다운 풍경을 감상하며 로맨틱한 저녁 식사를 즐기기에 더없이 좋다. 퐁듀를 비롯해 다양한 오스트리아 가정식을 맛볼 수 있다.

- 마르크트 선착장에서 도보 3분
- Markt 74, 5360 St. Wolfgang
- 수~일요일 18:30-22:00, 월~화요일 휴무
- 퐁듀 €70~, 아스파라거스를 곁들인 양고기 €130~, 유기농 닭고기 €130~

SALZKONTOR

잘츠컨토르 | 쇼핑 |

잘츠카머구트의 특산물인 소금을 판매하는 곳이다. 장크트 볼프강에 제조 공장과 상점이 있으며 할슈타트에 분점이 있다. 유기농 소금, 비건 소금, 시즈닝 소금, 바스 솔트, 화장품, 사탕 등 소금과 관련된 다양한 제품으로 가득하다. 기념품이나 특별한 선물을 고민한다면 주저하지 말고 들러보자.

- 성 볼프강 교구 성당에서 도보 2분
- 10:00-17:00(7~8월 10:00-18:00) / 시기마다 오픈 시간 변동
- 천연 소금, 시즈닝 소금 €7.5~

BAD ISCHL
바트 이슐

합스부르크가의 여름 휴양지로 알려진 곳인데 황제 프란츠 요제프 1세가 머물렀던 카이저 빌라에 가면 황실의 휴가가 의외로 소박하고 가정적인 분위기였다는 점에 놀라게 된다. 아마도 황제조차 이토록 고요하고 평화로운 곳에 오면 권위를 내려놓고 오직 휴식에만 몰두하기 때문이 아닐지. 온천이 유명한 곳인 만큼 관광보다 온천 체험을 추천한다.

TOURIST OFFICE
관광 안내소

Tourist-Info Bad Ischl
- 바트 이슐Bad Ischl 기차역에서 도보 4분 거리의 트링크할레Trinkhalle 건물에 위치
- Auböckplatz 5 Trinkhalle, 4820 Bad Ischl
- 월~토요일 08:00-17:00, 일요일, 공휴일 휴무

· 찾아가기 ·

TRAIN
기차

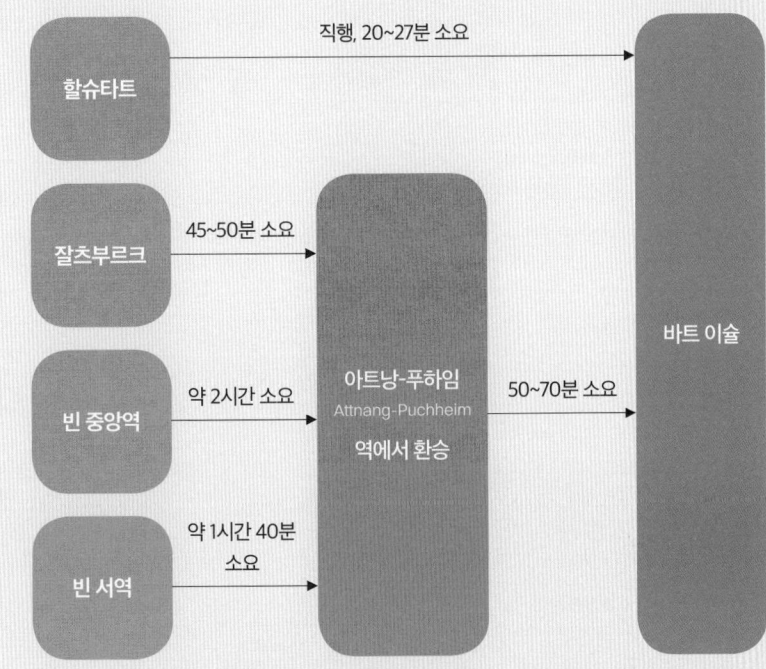

* 빈 중앙역Wien Hbf에서 바트 이슐까지 운행하는 직행 기차는 평일엔 없고 주말에 하루 1회 다니며 약 2시간 50분 소요된다.

RENT A CAR
렌터카

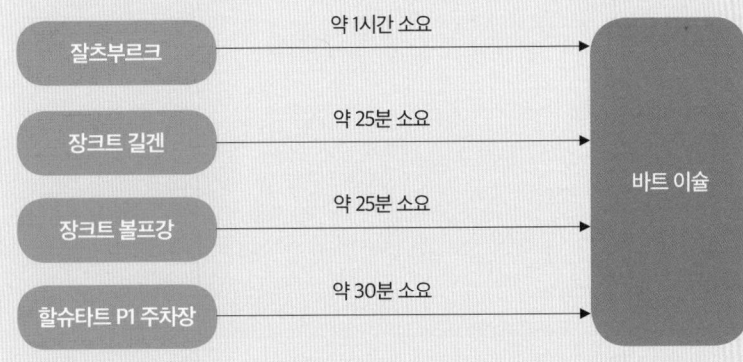

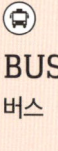

BUS
버스

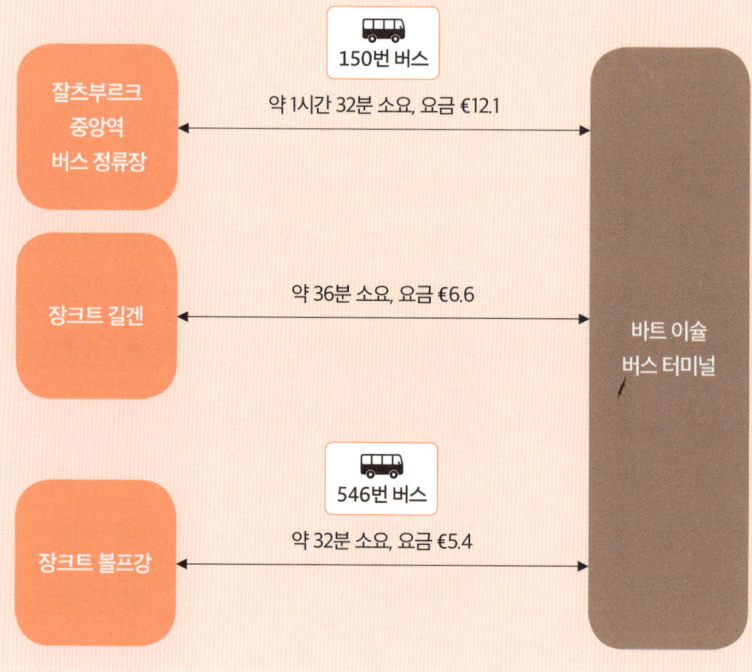

TRAVEL HIGHLIGHT

Kaiser Villa
카이저 빌라

합스부르크 황제 프란츠 요제프 1세가 여름에 머물던 곳으로 1854년 사촌 누이였던 엘리자베트와 결혼한 뒤 어머니에게 받은 선물이다. 황실 소유물임에도 소박한 저택이며 황실 정원사가 수년에 걸쳐 개조와 증축을 했는데도 특유의 가정적 분위기는 고스란히 남아 있다. 엘리자베트 황후를 위해 정원에 튜더 스타일의 코티지를 지었으며 사냥을 좋아한 요제프 1세답게 곳곳에 야생동물 박제들이 놓여 있다. 1914년 제1차 세계대전의 시작을 알렸던 세르비아와의 선전포고가 이곳에서 선포되기도 했다.

- 바트 이슐 기차역Bad Ischl Bahnhof에서 도보 11분
- 매일 09:30-17:00(월별로 오픈 날짜와 시간 다름, 홈페이지 참고)
- 정원+카이저 빌라 성인 €23, 7~17세 어린이 €21
- www.kaiservilla.at

Museum der Stadt Bad Ischl
바트 이슐 시립 박물관

바트 이슐의 에스플라나데Esplanade 10번지에 있는 제아우어하우스Seeauerhaus는 1853년 젊은 프란츠 요제프 1세 황제가 엘리자베트에게 청혼한 장소로 유명하다. 이 저택은 1989년 이래 바트 이슐 시립 박물관이 되었으며, 박물관 전면 벽에는 프란츠 요제프 1세 황제와 엘리자베트 황후의 초상화가 그려져 있다. 바트 이슐의 역사와 문화 전시품이 있는 내부로 들어가면 당시 시민들의 생활상을 엿볼 수 있어 마치 그 시대로 돌아간 듯한 착각을 불러일으킨다. 현재는 다양한 주제로 행사와 전시를 주최하고 있다.

- 바트 이슐 기차역Bad Ischl Bahnhof에서 도보 8분
- 목~일요일 10:00-17:00, 수요일 14:00-19:00(3~10월, 12월), 금~일요일 10:00-17:00(1~3월), 11월, 매주 월~화요일 휴무
- 성인 €5.5, 15세 이하 €2.7

Kurpark
쿠르 공원

바트 이슐 중심가에 있는 쿠르 공원. 공원 전체 크기에 비해 넓은 화단을 자랑한다. 공원 앞쪽에 의회와 극장으로 쓰이는 중세풍 건물이 있어 기품이 묻어난다. 매년 봄에는 꽃이 만발하며 7~8월에는 전통 의상을 입은 사람들과 흥겨운 음악이 흘러나오는 축제를 개최한다. 또한 매주 주말 플리마켓 등 다양한 행사가 열린다.

- 바트 이슐 기차역 Bad Ischl Bahnhof에서 도보 11분

Eurothermen Resort
오이로테르멘 리조트

도시 이름의 바트Bad가 온천이라는 뜻일 만큼 바트 이슐은 온천으로 유명하다. 소금 광산 인근이라 염수 온천이 특히 유명한데 불임 치료를 받던 황후 소피가 이곳에서 요양한 뒤 요제프 1세를 낳았다고 해서 불임 치료에 효과가 있는 것으로도 알려져 있다. 미네랄이 풍부한 온천물에 몸을 담그면 피부가 미끈거릴 만큼 부드러워지고 최적화된 온도와 습도 덕에 여행의 피로가 스르르 녹는 효과를 누릴 수 있다. 물놀이 기구도 많아 어린이 동반 가족 여행객에게 특히 추천한다.

- 바트 이슐 기차역 Bad Ischl Bahnhof에서 도보 4분
- 매일 09:00-24:00
- 성인 €29.5, 3~15세 어린이 €23
- www.eurothermen.at/bad-ischl

KONDITOREI ZAUNER
콘디토라이 차우너 |카페|

다양한 케이크와 구성이 알찬 오픈 샌드위치가 시그너처인 카페. 1832년에 오픈했으며 황실에 납품했던 카페인 만큼 케이크 하나하나 퀄리티가 꽤 높다. 또한 럭셔리하고 클래식한 내부도 볼거리다. 이곳에 왔다면 반드시 맛봐야 할 디저트는 바트 이슐의 대표 디저트인 자우너슈톨렌 Zaunerstollen, 와퍼Wafer와 누가, 초콜릿, 헤이즐넛을 섞어 만든 초콜릿 비스킷이다. 한 조각 베어 물면 농축된 달콤함이 입안 전체로 퍼지는 것이 매력적이다.

- 바트 이슐 기차역 Bad Ischl Bahnhof에서 도보 6분
- Pfarrgasse 7, 4820 Bad Ischl
- 매일 08:30-18:00
- 티 €4.5~, 아침 식사 메뉴 €2.3~, 자우너슈톨렌 €6.8~
- www.zauner.at

RESTAURANT WEINHAUS ATTWENGER
레스토랑 바인하우스 아트뱅거 |오스트리아식|

바트 이슐의 인기 맛집 아트뱅거. 이곳의 셰프는 16세 때부터 요리를 시작해 미슐랭 레스토랑에서 실력을 쌓아왔고 특히 그가 만든 스테이크가 유명하다. 돼지고기부터 양고기까지 메뉴가 다양하다. 고기의 육즙이 가득하고 소스와의 궁합이 환상적인 이 집의 스테이크를 먹어보면 왜 바트 이슐에서 1위 맛집인지 고개를 끄덕일 것이다.

- 바트 이슐 기차역 Bad Ischl Bahnhof에서 도보 8분
- Franz-Lehar-Kai 12, 4820 Bad Ischl
- 수~금요일 16:00-22:00, 토~일요일 12:00-22:00, 월~화요일 휴무
- 알파인 버거 €14, 트러플 카르보나라 €21, 문어 샐러드 €16
- www.restaurant-attwenger.at

CAFÉ RAMSAUER
카페 람자우어 |카페|

1926년 오픈 후 브람스, 슈트라우스와 같은 유명 음악인들의 아지트와 같았던, 바트 이슐에서 가장 오래된 유서 깊은 카페다. 추천 메뉴로는 오스트리아식 애플파이인 아펠슈트루델과 오스트리아 대표 커피 브랜드인 율리어스 마이늘Julius Meinl사의 커피다. 현재도 주민들의 사랑방인 이곳은 관광객보다 나이 지긋한 현지인이 많이 찾는다.

- 바트 이슐 기차역Bad Ischl Bahnhof에서 도보 5분
- Kaiser-Franz-Josef-Straße 8, 4820 Bad Ischl
- 화~목요일 08:30-18:00, 금요일 08:00-18:00, 토요일 09:00-18:00, 일~월요일 휴무
- € 커피 €3.2~, 샌드위치 €5.3~

HALLSTATT
할슈타트

드라마와 CF 등에 여러 차례 등장하면서 한국인 여행객에게 이미 빈만큼이나 유명해진 곳이다. 호수를 끼고 자리한 마을의 경치가 엽서 속 그림과도 같은데, 마을 전체가 유네스코 세계유산으로 등재되면서 그 가치를 인정받았다. 할슈타트의 할Hall은 '소금'이라는 뜻으로 무려 7000년 전부터 이곳에서 암염을 채굴했다고 한다. 소금 광산 투어도 가능하니 마을의 역사를 좀 더 깊게 알고 싶다면 놓치지 말자.

ⓘ TOURIST OFFICE
관광 안내소

Tourist-Info Hallstatt
- 할슈타트 마르크트 선착장에서 도보 8~10분 거리에 있는 할슈타트 란 선착장에 위치
- Seestraße 99, 4830 Hallstatt
- 매일 9:00-17:00

· 찾아가기 ·

🚆 TRAIN
기차

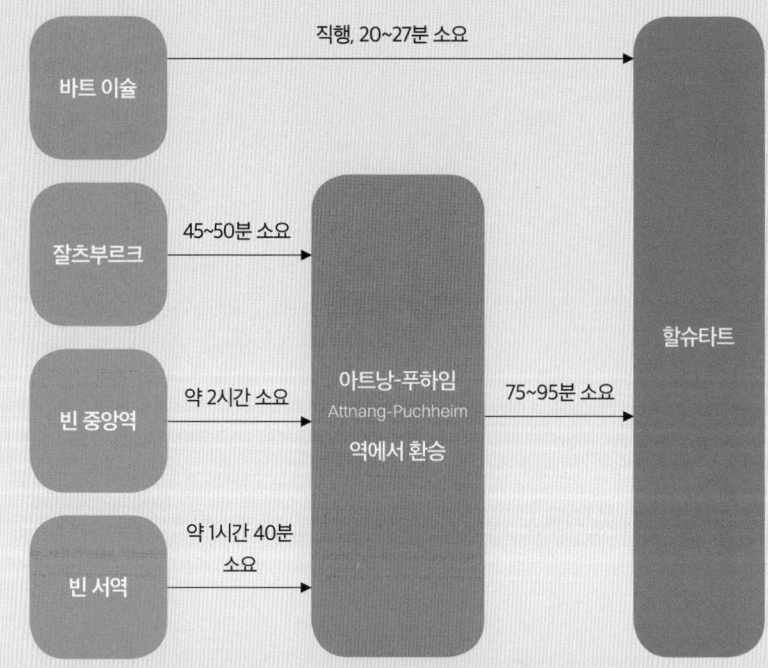

* 빈 중앙역 Wien Hbf에서 할슈타트까지 운행하는 직행 기차는 평일엔 없고 주말에 하루 1회 운행하며 약 3시간 15분 소요된다.

할슈타트 기차역에서 마을로 이동하기

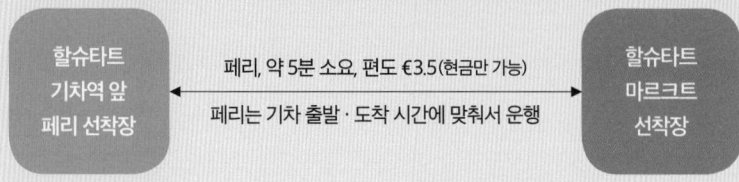

BUS
버스

* 버스 요금 €6.5
* 바트 이슐에서 할슈타트로 가는 직행버스는 없으며 541번 버스를 타고 할슈타트 고사우뮐레 Hallstatt Gosaumühle 버스 정류장에서 543번 버스로 환승하면 할슈타트 란Hallstatt Lahn 버스 정류장으로 갈 수 있다.

RENT A CAR
렌터카

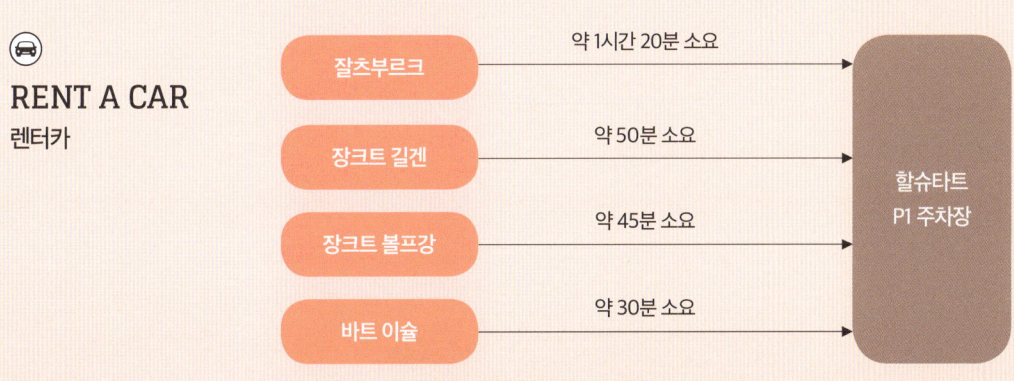

TRAVEL HIGHLIGHT

Hallstättersee
할슈타트 호수

잘츠카머구트는 알프스 산자락과 70여 개 호수를 품은 오스트리아의 대표 휴양지로 그중에서도 할슈타트 호수는 잘츠카머구트의 진주로 꼽힐 정도로 아름다운 곳이다. 바트 이슐에서 기차로 이동한 뒤 배를 타고 호수 반대로 넘어가야 할슈타트 시내로 이동할 수 있다.

📍 할슈타트 기차역Hallstatt Bahnhof에서 도보 1분 거리에 있는 할슈타트 선착장으로 이동해 배를 타고 마르크트 선착장ATO Hallstatt Markt에 하차

Marktplatz
마르크트 광장

유네스코 세계유산에 등록된 할슈타트 마을의 중심이다. 파스텔 색상의 집들로 둘러싸인 작은 광장이지만 언제 가도 관광객으로 붐빈다. 1750년대에 큰 화재로 많은 집이 불탔지만 6년 만에 복원되었고 그것을 기념하기 위해 세운 동상이 광장 한가운데 있다. 광장을 중심으로 카페와 레스토랑, 바, 호텔 등이 모여 있어 여행객이라면 한 번은 들르게 되는 곳이다. 매년 12월 초에는 크리스마스 마켓이 열려 쿠키와 스모크피시, 소시지 등 할슈타트 음식을 맛볼 수 있고 핸드 메이드 장식품도 구매할 수 있다.

◆ 마르크트 선착장 ATO Hallstatt Markt에서 도보 1분

HALLSTATT — Travel Highlight

Salzwelten Hallstatt
할슈타트 소금 광산

할슈타트 이름의 할Hall은 소금이라는 뜻으로 7000년 전부터 풍부한 암염을 채굴해 성장해온 마을이다. 또한 세계에서 가장 오래된 소금 광산이 있어 많은 관광객이 방문한다. 마을에서 푸니쿨라를 타고 오른 뒤 15분 정도 걸어가면 소금 광산 입구가 나온다. 소금 광산 안에는 당시 광부들이 살아온 방식과 채굴 장면을 재현해놓았으며 소금을 운반한 미끄럼틀과 열차를 체험할 수 있다. 투어는 2~3시간 정도 걸리니 시간 여유를 갖고 이동하자. 또한 투어 인원이 정해져 있으며 온라인으로도 예약할 수 있다. 광산 안은 서늘하고 어두워 따뜻한 옷과 편안한 신발은 필수다. 푸니쿨라에서 내려 광산으로 올라가기 전 왼쪽으로 가면 마을과 호수가 한눈에 들어오는 스카이워크가 있다. 그림 같은 할슈타트 전경을 배경으로 인생 숏을 남길 수 있으니 잊지 말고 방문해보자. 오픈 시기는 해마다 변동될 수 있으니 홈페이지 참고.

할슈타트 스카이워크

📍 마르크트 선착장ATO Hallstatt Markt에서 푸니쿨라 승강장까지 도보 10분

€ 성인 €40(푸니쿨라 왕복 티켓+소금 광산 입장료), 4~15세 €18(푸니쿨라 왕복 티켓+소금 광산 입장료)

기간	소금 광산	푸니쿨라
2024.03/23 ~2024.10/26	09:30-16:00	09:00-18:00
2024.10/27 ~2025.01/06	09:30-14:30	09:00-16:30
2024.12/24, 12/31	휴무	운행 중지

▶ www.salzwelten.at

RESTAURANT AM SEEHOTEL GRÜNER BAUM
레스토랑 시호텔 그뤼너 바움　|오스트리아식|

호숫가 바로 앞에 자리한 시호텔 그뤼너 바움 1층에 있는 할슈타트 인기 레스토랑. 편안한 소파에 앉아 호수를 바라보며 칵테일 한잔 즐길 수 있는 레이크 라운지Lake Lounge도 함께 운영 중이다. 할슈타트의 명물인 송어 구이Filet of Trout가 추천 메뉴이며 한국 관광객에게는 스파게티와 슈니첼, 스테이크도 무난하다. 관광지인 만큼 가격은 저렴하지 않지만 호수를 보며 식사를 할 수 있다는 점에서 선택의 이유는 충분하다. 테라스 자리에서 식사를 원할 경우 미리 예약하는 것이 좋다.

- 마르크트 선착장ATO Hallstatt Markt에서 도보 1분
- Marktpl. 104, 4830 Hallstatt
- 여름 11:30-22:00, 겨울 11:30-21:00
- 송어 구이 €27.9, 비프스테이크 €35.9, 호박 리소토 €19.9, 슈니첼 €23.9, 스파게티 €19.9
- www.gruenerbaum.cc

Restaurant & Cafe

BRÄUGASTHOF
브로이가스트호프　|오스트리아식|

호수를 바라보며 가볍게 맥주 한잔과 식사를 즐길 수 있는 곳 관광객이 무난하게 방문할 만한 할슈타트의 몇 안 되는 인기 레스토랑이다. 호수 옆에 바로 테이블이 놓여 있어 호수를 바라보며 식사를 할 수 있다. 오스트리아의 대표 메뉴인 슈니첼, 굴라시가 인기가 좋으며 할슈타트의 명물인 송어 구이도 훌륭하다. 다만 인기 메뉴라 저녁에 가면 품절되는 경우가 많다. 겨울에는 휴무인 날이 많으니 미리 체크해 방문하자.

- 마르크트 선착장ATO Hallstatt Markt에서 도보 5분
- Seestraße 120, 4830 Hallstatt
- 11:00-20:00, 겨울철 11~4월 비정기 휴무
- 굴라시 €13.8, 슈니첼 €13.9
- www.brauhaus-lobisser.com

SEEWIRT ZAUNER HOTEL RESTAURANT
제비어트 자우너 호텔 레스토랑 |오스트리아식|

제비어트 자우너 호텔에서 운영하는 레스토랑으로 2층에 있다. 다양한 오스트리아 요리를 맛볼 수 있으며 특히 생선 요리가 맛있다. 할슈타트 호수에서 잡은 생선, 지역 생산지에서 직접 공수해온 채소와 유기농 고기 등으로 만든 식사를 선보인다. 다양한 와인 리스트도 갖추고 있어 식사에 곁들이기 좋다.

- 마르크트 선착장ATO Hallstatt Markt에서 도보 2분
- Marktplatz 51, 4830 Hallstatt
- 매일 11:30-14:30, 18:00-21:30
- 2인용 스페셜 메뉴 €38.9~43.5, 베지테리언 메뉴 €9.5~13.8
- www.seewirt-zauner.at

할슈타트

• SPECIAL •

Dachstein
다흐슈타인

오버트라운과 인접해 있는 다흐슈타인은 뛰어난 경관을 지닌 카르스트 지형의 산이다. 최고 높이는 해발 2995m에 이르며 샤프베르크보다 약 1000m 더 높다. 다흐슈타인 산은 1997년 할슈타트와 함께 유네스코에서 할슈타트-다흐슈타인 잘츠카머구트 문화경관으로 지정한 곳이기도 하다. 3개 섹션으로 나뉘어 있는 다흐슈타인은 15분마다 운행하는 케이블카를 타고 각 섹션으로 갈 수 있다. 다채로운 자연경관을 감상하며 걸을 수 있는 트레일은 사시사철 인기이며 스키, 하이킹, 패러글라이딩 등 다양한 레포츠를 즐기러 찾는 현지인과 관광객도 끊이지 않는다. 케이블카는 1년 내내 운행하지 않으니 오버트라운이나 할슈타트로 여행한다면 다흐슈타인을 방문할 수 있는 기간인지 확인하자. 좀 더 자세한 정보는 dachstein-salzkammergut.com 참고.

5 Fingers
파이브 핑거스 | 크리펜슈타인역

전망대 플랫폼이 펼친 손가락 모양을 닮아 '파이브 핑거스'로 불리며 다흐슈타인에서 가장 잘 알려진 뷰 포인트다. 이곳에 서면 알프스산맥과 할슈타트 강, 잘츠카머구트의 크고 작은 마을이 한눈에 들어오는데 5개 플랫폼은 저마다 특징이 있어 더욱 흥미롭다. 액자 프레임이 있는 곳에서는 너도 나도 인증 사진을 찍기 바쁘다. 아드레날린이 솟구치는 경험을 하고 싶다면 바닥이 투명한 플랫폼으로 걸어가보자. 다른 곳보다 길이가 짧은 가운데 플랫폼은 접근 금지인 다이빙대가 연결되어 있는데 자연이 주는 자유를 상징한다. 네 번째 플랫폼은 아래를 내려다볼 수 있는 구멍이, 다섯 번째 플랫폼은 망원경이 설치되어 있다. 크리펜슈타인역에서 도보 30분.

Welterbespirale
웰터비스파이랄 | 크리펜슈타인역

다흐슈타인의 전경을 360도로 감상할 수 있는 전망대. 알루미늄으로 만든 배 모양의 전망대로 나무 계단을 따라 올라가면 된다. 파이브 핑거스로 가는 도중에 있으니 시간이 되면 한 번쯤 들러보자. 전망대 아래쪽에 있는 물결 모양의 벤치는 눕거나 앉아서 휴식을 즐기기에 그만이다. 크리펜슈타인역에서 도보 15분.

Dachstein Hai
다흐슈타인 하이 | 크리펜슈타인역

하일브로너Heilbronner 순환 트레일에 놓여 있는 8m 길이의 상어 구조물로, 수백만 년 전에 이곳이 바다였다는 사실을 상기시켜준다. 이 일대에는 갑각류 화석이 많이 발견되며 구조물 안으로 들어가 사다리를 타고 상어의 턱까지 올라가면 선사시대에는 해저였던 다흐슈타인의 풍경이 펼쳐진다. 크리펜슈타인역에서 도보 45분.

Dachstein Eishöhle
다흐슈타인 얼음 동굴 | 쇤베르크갈름역

잘츠카머구트의 명소로 꼽히는 다흐슈타인 얼음 동굴은 수천 년의 신비를 간직하고 있다. 가이드 투어로만 볼 수 있는데 음악과 조명이 더해져 각양각색의 얼음은 마치 살아 움직이는 듯한 착각을 불러일으킨다. 따뜻한 옷은 물론 미끄럽지 않은 신발을 준비하는 게 좋다. 원칙적으로 사진 촬영은 금지이지만 플래시만 사용하지 않는다면 괜찮다. 플래시는 절대 금지이니 명심하자.

Mammuthöhle
매머드 동굴 | 쇤베르크갈름역

세계에서 가장 큰 카스트 동굴 중 하나로 70km가 넘는 구간이 탐사되었으며 이 중 1km 정도를 50분간 진행하는 가이드 투어로만 탐험할 수 있다. 동굴 내부 온도는 약 3℃이며 투어 시간이 짧지 않아 따뜻한 옷은 필수다. 자연이 만든 거대한 동굴은 그 자체만으로 예술이며 잘 만들어놓은 통로는 어린이도 거뜬히 걸을 수 있다. 얼음 동굴과 매머드 동굴 가이드 투어는 동굴이 포함된 티켓을 구입한 뒤 쇤베르크갈름역 티켓 카운터에서 가이드 투어 시간을 배정받아야 참여할 수 있다. 케이블카는 시기에 따라 운행하지 않을 때가 있으니 홈페이지(www.dachstein-salzkammergut.com)에서 정확한 정보를 확인한 뒤 이용하는 것을 추천한다.

케이블카	겨울 11월 4일~4월 30일 15분 간격으로 운행(하행 기준)	여름 5월 1일~11월 3일 15분 간격으로 운행(하행 기준)
섹션 1 | 쇤베르크갈름 Schönbergalm	08:30-16:50	08:40-19:10
섹션 2 | 크리펜슈타인 Krippenstein	08:40-16:40	08:40-19:00
섹션 3 | 지자이드 Gjaid	08:50-16:30	08:40-16:50

> **TIP 아찔하게! 짜릿하게! 다흐슈타인 빙하 Dachstein Gletscher 즐기기**
>
> 스키어들의 천국, 스키 아마데 Ski Amadé에 속하는 지역 중 하나인 슐라드밍-다흐슈타인 Schaldming-Dachstein에는 스키장뿐만 아니라 스카이워크 전망대, 유리 바닥 전망대, 얼음 궁전, 오스트리아에서 가장 높은 현수교 등이 있다. 파이브 핑거스 전망대와는 또 다른 매력으로 많은 방문자를 끌어들이고 있으며 보기만 해도 아찔한 전망대와 현수교는 스릴을 즐기는 이들에게 그야말로 안성맞춤이다. 파노라마 곤돌라를 타고 해발 2700m 높이에 올라 알프스 자연에 몸을 맡겨보자. 곤돌라를 탈 수 있는 다흐슈타인-글레쳐반 Dachstein-Gletscherbahn까지는 슐라드밍에 있는 플래닛 플라나이 Planet Planai에서 RVB 버스가 다닌다. 자세한 버스 정보는 www.rvb.at, 다흐슈타인 빙하 케이블카 및 티켓에 관련된 자세한 정보는 www.derdachstein.at 참고.

INNSBRUCK

인스부르크

'인 강의 다리'라는 뜻의 이름처럼 강을 따라 흐르는 맑은 물과 알프스의 웅장한 경치를 자랑하는 곳이다. 햇빛을 받아 반짝이는 황금 지붕과 600년 역사의 왕궁, 바로크양식의 대성당은 이 도시의 찬란했던 과거를 보여준다. 동계 올림픽을 두 번이나 치러낸 도시답게 겨울 스포츠를 즐기기에도 그만이다. 자연경관과 문화유산, 짜릿한 스포츠까지 이 작은 도시에서 모두 누릴 수 있으니 욕심 많은 여행자로서는 천국이 부럽지 않은 곳, 바로 인스부르크다.

TOURIST OFFICE
관광 안내소

Tourist-Info Innsbruck
- 마리아 테레지아 거리 끝과 교차되는 부르그라벤Burggraben 거리에 위치
- Burggraben 3, 6020 Innsbruck
- 월~토요일 09:00-18:00, 일요일 10:00-15:00

Tourist-Info Innsbruck-Main Train Station
- 인스부르크 중앙역
- Südtiroler Platz 7, 6020 Innsbruck
- 월~토요일 09:00-22:00

· 찾아가기 ·

Airplane
항공

인스부르크 시내에서 서쪽으로 약 4km 떨어져 있는 인스부르크 크라네비텐 공항 Flughafen Innsbruck-Kranebitten은 우리나라에서 직항 편은 없으며 루프트한자, KLM, 핀에어 편으로 경유해 갈 수 있다. 인스부르크 공항에 대한 좀 더 자세한 정보는 www.innsbruck-airport.com 참고.

인스부르크 공항에서 시내로

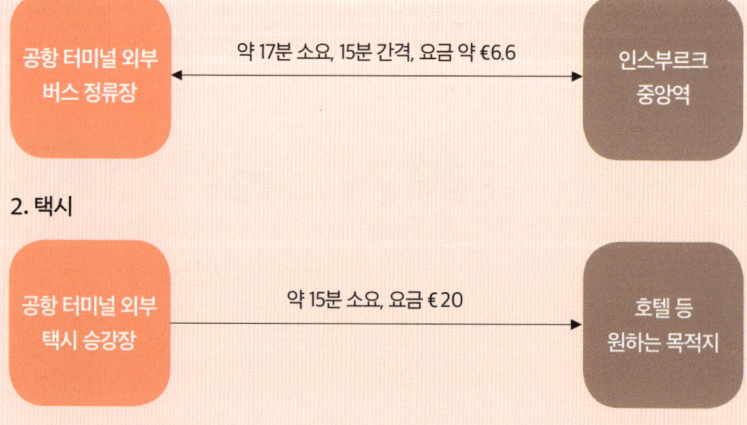

1. 버스 F번

| 공항 터미널 외부 버스 정류장 | → 약 17분 소요, 15분 간격, 요금 약 €6.6 → | 인스부르크 중앙역 |

2. 택시

| 공항 터미널 외부 택시 승강장 | → 약 15분 소요, 요금 €20 → | 호텔 등 원하는 목적지 |

TRAIN
기차

인스부르크는 독일, 스위스, 이탈리아 등과 국경이 인접한 오스트리아 서쪽에 있어 오스트리아 주요 도시뿐만 아니라 인근 국경 지역을 오가는 다양한 기차 노선을 갖추고 있다. 인스부르크 중앙역에는 관광 안내소, 1등석 라운지, 짐 보관소, 렌터카 등 편의 시설이 있다.

HOT TIP	주요 도시~인스부르크 기차 이동 시간		
빈	약 4시간 15분	잘츠부르크	약 1시간 50분
린츠	약 3시간	그라츠	약 6시간
뮌헨	약 1시간 45분	취리히	약 3시간 30분
베네치아	약 5시간		

RENT A CAR
렌터카

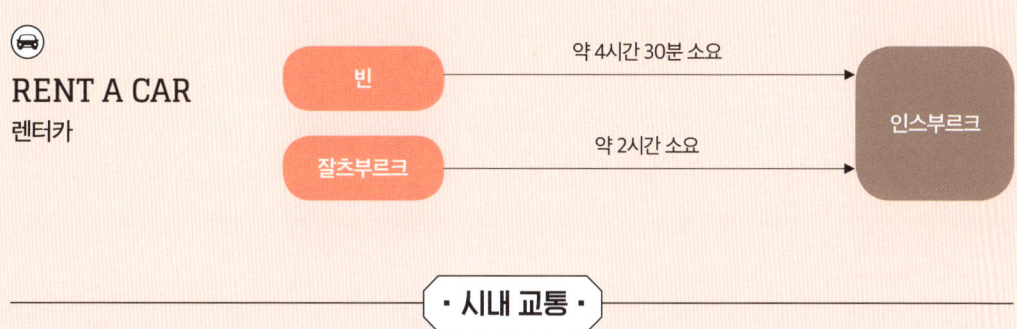

· 시내 교통 ·

인스부르크에는 시내 및 외곽을 연결하는 20개 넘는 노선의 버스와 4개 라인의 트램이 운행 중이다. 주요 관광지들은 구시가에 모여 있어 도보로 관광할 수 있지만 구시가를 지나는 트램 노선을 잘 활용하면 주요 관광지를 보다 쉽게 둘러볼 수 있다. 중앙역에서 구시가로 갈 때는 3번 트램을 이용하면 좋다.

| HOT TIP | 인스부르크 카드 Innsbruck Card |

인스부르크 시내 대중교통, 주요 박물관 및 관광 명소, 투어 버스, 노르트케테(등반열차 & 케이블카) 1회 왕복 등이 무료로 포함되어 있다. 인스부르크 카드 유효 기간은 시간으로 계산되며 개시한 시점부터 유효하다. 인스부르크 카드는 중앙역 및 구시가에 있는 관광 안내소에서 구입하면 된다. 대부분의 호텔에서도 구매할 수 있으며 인스부르크 관광청 홈페이지(www.innsbruck.info)에서 온라인으로 구입하면 pdf 파일로 다운로드받은 뒤 모바일 카드처럼 사용 가능하다.

종류	요금	
24시간권	성인 €59	만 6~15세 €29.5
48시간권	성인 €69	만 6~15세 €34.5
72시간권	성인 €79	만 6~15세 €39.5

• THINGS TO DO •

케이블카 타고 알프스 등반
알프스의 선물 노르트케테 정상까지 케이블카 타고 올라가기

슈트루델 맛보기
슈트루델 카페 크뢸에서 티롤 지역 전통 빵 슈트루델 맛보기

마리아 테레지아 거리 걷기
관광 스폿이 모여 있는 인스부르크 최대 번화가 마리아 테레지아 거리

인스부르크 1일 추천 코스

도시 남부에 있는 베르기젤 스키 점프 전망대에서 시작해 개선문이 있는 북쪽을 향해 쭉 올라가면 된다. 대부분의 관광지와 식당가가 마리아 테레지아 거리를 중심으로 모여 있어 도보로 쉬엄쉬엄 돌아보면 된다.

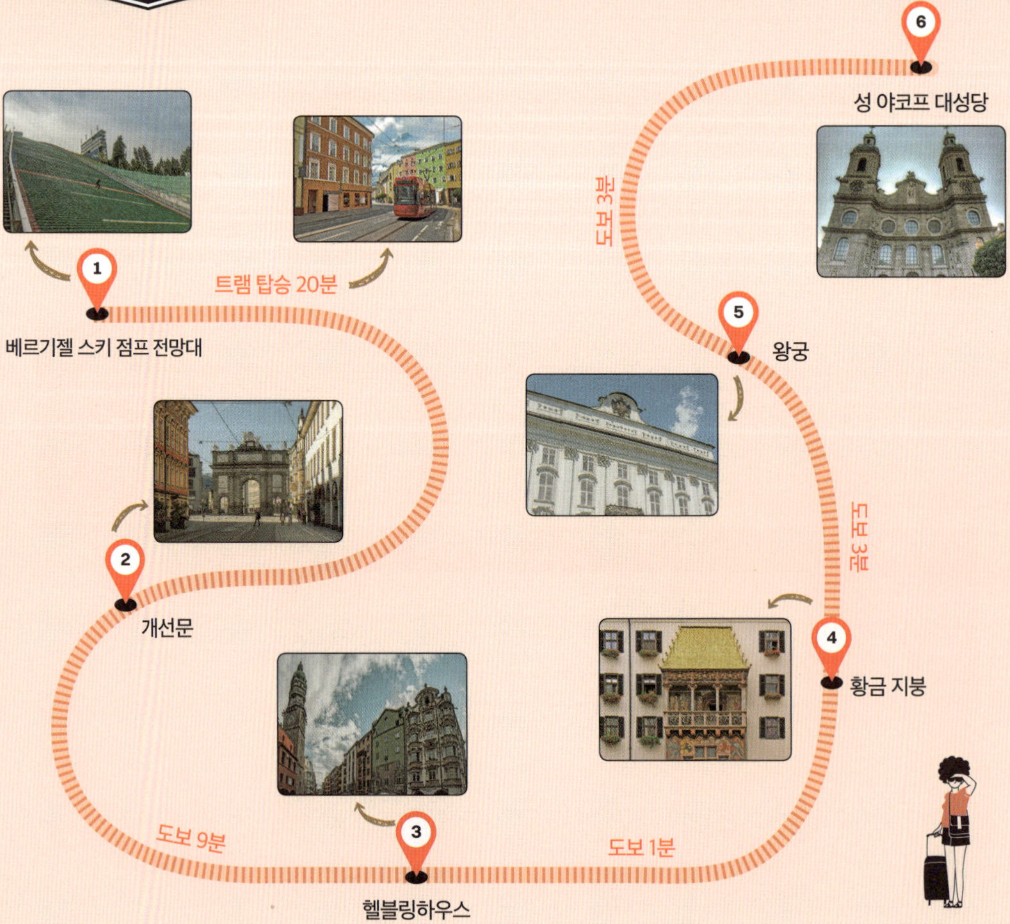

1. 베르기젤 스키 점프 전망대
— 트램 탑승 20분 —
2. 개선문
— 도보 9분 —
3. 헬블링하우스
— 도보 1분 —
4. 황금 지붕
— 도보 3분 —
5. 왕궁
— 도보 3분 —
6. 성 야코프 대성당

TRAVEL HIGHLIGHT

Maria Theresien Straße
마리아 테레지아 거리

인스부르크 최대 번화가로 개선문에서 구시가지까지 쭉 뻗은 길이다. 이곳을 중심으로 왕궁, 대성당, 개선문, 기념탑 등 볼거리가 집중되어 있으며, 끝자락부터 황금 지붕, 헬블링하우스 등 유명 관광지로 이어지니 마리아 테레지아 거리를 통하지 않고서는 인스부르크 관광이 시작되지 않는다고 보면 된다.

📍 인스부르크 중앙역 Innsbruck Hbf에서 도보 10분

Triumphforte
개선문

마리아 테레지아 거리와 막시밀리안 거리가 만나는 교차로에 우뚝 서 있는 조형물로 다른 도시의 개선문과 달리 앞뒤 면이 다르다. 1765년 여 황제 마리아 테레지아의 아들 레오폴트 2세와 스페인 공주 루도비카의 결혼을 기념해 세우는 도중, 마리아의 남편 프란츠 1세가 죽음을 맞이하게 된다. 그러한 이유로 앞면에는 결혼 축하 의미를 담은 '삶과 행복'을, 뒷면에는 애도의 뜻을 담은 '죽음과 슬픔'을 주제로 한 조각이 새겨진 것이다.

📍 인스부르크 중앙역 Innsbruck Hbf에서 도보 6분

Goldenes Dachl
황금 지붕

인스부르크 구시가지의 랜드마크인 황금 지붕은 2657개의 도금된 동판으로 만들어졌다. 1420년 티롤 군주의 저택으로 시어신 이 건물은 1479년 황제 막시밀리안 1세가 광장 행사를 관람하기 위해 발코니를 만들도록 지시했고 그 위에 황금 지붕이 추가되었다. 발코니 기둥에는 황제와 여왕, 아들, 광대 무희들의 모습과 문장이 부조로 새겨져 있다.

📍 인스부르크 중앙역 Innsbruck Hbf에서 도보 15분
🕐 5~9월 매일 10:00-17:00, 10~4월 화~일요일 10:00-17:00, 월요일 휴관
€ €5.5, 인스부르크 카드 소지자 무료

Helblinghaus
헬블링하우스

15세기에 지어졌지만 새로운 건축 기법으로 점점 진화된 독특한 건물이다. 원래는 귀족의 저택이었던 헬블링하우스는 초기 고딕 양식과 바로크양식으로 지어졌다. 그러다 18세기 초 로코코 스타일의 마스크, 창틀, 조각 등이 추가되어 유니크하고 화사한 빌딩으로 재탄생했다. 1732년 완성된 이곳은 이후 소유자의 이름을 따서 헬블링하우스가 되었다. 황금 지붕을 바라본 곳에 있어 관광객이 놓칠 수 없는 또 하나의 명소다.

- 인스브루크 중앙역Innsbruck Hbf에서 도보 15분

Stadtturm
시의 첨탑

1450년 처음 지을 당시에는 감옥으로 쓰였지만, 100년 뒤 어니언 돔 Onion Dome이 재건되면서 전망대로 완성되었다. 전망대까지 51m로 인스브루크 최고 높이의 건물이다. 인스브루크 시내에서 가장 좋은 뷰의 사진을 찍고 싶다면 이곳을 추천한다. 148개 계단을 올라야 하지만 첨탑에서 시내 전경을 내려다본다면 수고스러움을 보상받고도 남는다.

- 인스브루크 중앙역Innsbruck Hbf에서 도보 15분
- 6~9월 10:00-20:00, 10~5월 10:00-17:00
- 성인 €4.5, 6~15세 €2

Hofburg
왕궁

1460년경 티롤의 백작이었던 지그문트가 지은 곳으로, 오스트리아·헝가리제국의 왕비였던 마리아 테레지아가 1754년부터 1773년까지 리모델링해 지금과 같은 로코코 양식으로 재건했다. 이곳은 그녀의 아들 레오폴트 2세가 결혼식을 올린 곳으로도 유명하다. 현재는 파티를 위한 방 Riesensaal을 관람할 수 있는데, 흰 벽에 금색 장식으로 치장되어 있고 합스부르크 왕가의 초상화와 그림이 걸려 있다.

- 인스브루크 중앙역Innsbruck Hbf에서 도보 14분
- 09:00-17:00, 비정기 휴무 및 시간 변동
- 성인 €9.5, 학생 €6.5, 19세 이하 무료

Dom Zu St. Jakob
성 야코프 대성당

12세기 로마네스크 교회 자리에 1717~1724년에 지어진 건물로 성 야코프 대성당 또는 인스부르크 대성당으로 불린다. 대성당은 2가지 중요한 보물로 유명하다. 거장 루카스 크라나흐Lucas Cranach의 알프스산맥을 배경으로 그린 종교화 '마리아의 도움 Maria Hilf'과 황제 막시밀리안 3세의 무덤이다. 이 성당은 제2차 세계대전 때 큰 피해를 입었으나 현재는 완전히 복구되었다. 입장은 무료이지만 사진을 찍으려면 1유로를 지불해야 한다. 매일 정오 평화를 기원하는 종이 울린다.

- 인스부르크 중앙역Innsbruck Hbf에서 도보 14분
- 5/1~10/25 월~토요일 10:15-18:30, 일요일, 공휴일 12:30-18:30, 10/26~4/30 월~토요일 10:15-19:30, 일요일, 공휴일 12:30-19:30

Basilica Wilten
빌텐 성당

오스트리아에서 가장 아름다운 로코코양식의 성당으로 알려진 빌텐 성당. 인스부르크에서 가장 오래된 성당이면서 빈텐 소년 합창단Wilten Boys' Choir의 고향으로도 유명하다. 14세기부터 기독교식 성당이었던 이곳을 18세기 중엽에 로코코풍으로 재건축했고, 외관과 다르게 내부는 금색과 우아한 색으로 화려함을 극대화했다. 무료로 입장 가능하다.

- 인스부르크 중앙역Innsbruck Hbf에서 도보 16분 / 버스 4140번 탑승 후 인스부르크 바실리카 빌텐Innsbruck Basilika Wilten 정류장에 하차 후 도보 2분
- € 매일 07:30-18:00, 시간 변동 있음

Hofkirche
궁정 교회

구시가지에 있는 고딕 양식의 건물로, 1553년 페르디난트 1세 황제가 그의 조부 막시밀리안 1세를 기념하기 위해 건립한 왕궁 성당이다. 내부에는 기념 묘 및 동상 등 티롤에서 가장 중요한 역사적 기념물이 많다. 막시밀리안 황제의 업적을 담은 24개의 대리석 부조와 4가지 미덕을 상징하는 동상 등으로 장식되어 있다. 다만 막시밀리안의 유언에 따라 그의 시신은 비너 노이슈타트 Wiener Neustadt에 안치되어 있으나, 석관을 둘러싼 조각상을 보는 것만으로도 방문할 가치가 있다. 옆에 있는 티롤 민속박물관 등과 결합 티켓으로도 판매 중이다.

- 인스부르크 중앙역 Innsbruck Hbf에서 도보 13분
- 월~토요일 09:00-17:00, 일요일, 공휴일 12:30-17:00, 시간 변동 있음
- 성인 싱글 티켓 €9
  결합 티켓 €14

Grassmayr Glockenmuseum
그라스마이어 종 박물관

1599년부터 교회의 종을 만들어오는 그라스마이어가의 역사를 보여주는 곳이다. 대대로 이어져 내려오며 현재까지 활발하게 운영 중인 세계에서 가장 오래되고 큰 주조 공장이다. 박물관에서는 종의 역사와 종이 만들어지는 과정을 보여준다. 관내에 사운드 스튜디오가 있어 여러 가지 종과 오르골의 아름다운 소리를 감상할 수 있다. 숍에서는 선물용 종과 기념품을 판매 중이다.

- 인스부르크 중앙역 Innsbruck Hbf에서 도보 11분
- 화~토요일 10:00-16:00, 일요일, 공휴일 휴무
- 성인 €10, 6~14세 €6
- www.grassmayr.at

Schloss Ambras
암브라스 성

티롤 페르디난트 대공이 부인을 위해 만든 성으로, 몇 번의 확장과 증축 공사로 르네상스 양식인 현재 모습으로 바뀌었다. 비엔나 미술관이나 합스부르크가의 미술 공예품 컬렉션의 기초가 될 정도로 막대한 재력을 이용한 대공의 수집품과 귀족의 초상화, 화려한 보물로 가득하다. 성에서 가장 유명한 스페인 홀은 1569~1572년에 지어진 것으로 티롤 지방 군주 27명의 화려한 그림이 그려져 있다. 현재는 가장 아름다운 콘서트홀로 유명하다.

- 인스부르크 중앙역Innsbruck Hbf에서 버스 4134번 탑승 후 인스부르크 슐로스 암브라스Innsbruck Schloss Ambras 정류장에 하차 후 도보 4분
- 10:00-17:00, 11월 휴관
- 성인 €16, 19세 미만 무료
- www.schlossambras-innsbruck.at

Das Tirol Panorama
티롤 파노라마 박물관

1000㎡ 캔버스에 그려진 거대한 파노라마 그림이 있는 박물관. 1809년 안드레아 호퍼가 이끈 티롤 농민들로 꾸려진 군대가 나폴레옹이 이끄는 연합군과 대항하는 티롤 반란 Tyrolean Rebellion 을 그린 유화다. 360°로 관람할 수 있는 파노라마식 전시장으로 그림과 전시품을 통해 당시의 정치와 종교 생활상을 엿볼 수 있다. 박물관에는 통유리창으로 되어 있는 전망대도 있어 탁 트인 인스부르크의 전경을 즐길 수 있다.

- 인스부르크 투어 버스Sightseer Innsbruck를 타고 티롤 파노라마 정류장 하차
- 수~월요일 09:00-17:00, 화요일 휴관, 비정기 휴관
- 성인 €14

Tiroler Volkskunstmuseum
티롤 민속박물관

티롤의 역사와 전통을 볼 수 있는 박물관이다. 오스트리아 최대의 고딕미술 회화, 조각품 등을 자랑한다. 티롤의 여러 지역에서 출품된 오래된 수공예품, 전통 의상, 가정용품, 유리 및 도자기, 농기구, 민속 미술품 등으로 꾸며진 방은 옛 티롤인의 생활 모습을 재현했다. 귀족과 시민들이 사용한 물품이 고딕, 바로크, 르네상스 시대별 섹션으로 구분되어 있어 시대상도 살펴볼 수 있다. 1층 전시관에는 미니어처로 당시 생활 모습을 표현했고, 신분과 나이에 따른 의상도 전시되어 있다.

- 📍 인스부르크 중앙역Innsbruck Hbf에서 도보 13분
- 🕐 월~일요일 9:00-17:00, 시간 변동 있음, 1/1, 12/25 휴무
- € 성인 €14

Bergisel Ski Jump Stadium
베르기젤 스키 점프 전망대

이라크 출신의 세계적 건축가 자하 하디드Zaha Hadid의 작품으로 특유의 섬세하고 유려한 곡선이 매력적인 건축물이다. 원래 1976년 인스부르크 동계 올림픽 때 쓰였던 스키 점프대를 전망대로 개조한 것인데 높이 50m, 길이 98m의 스키 점프대가 험준한 알프스와 어우러져 장관을 이룬다. 오스트리아에서 알프스를 제대로 감상해보고 싶다면 반드시 들러야 할 곳. 카페, 레스토랑 등이 함께 들어서 여유롭게 휴식을 취하며 전망을 누릴 수 있다.

- 📍 인스부르크 중앙역Innsbruck Hbf에서 버스 590A 탑승 후 인스부르크 바실리카 빌텐Innsbruck Basilika Wilten 정류장 하차 후 도보 14분
- 🕐 11~5월 수~월요일 09:00-17:00, 화요일 휴관, 6~10월 매일 09:00-18:00, 비정기 휴관, 11월 13~17일 및 비정기 휴관
- € 성인 €11, 6~14세 어린이 €5.5
- ▸ www.bergisel.info

· SPECIAL ·

Nordkette
노르트케테

인스부르크를 거닐다 보면 자연이 선사한 고층 건물 노르트케테가 모퉁이를 돌 때마다 나타난다. 노르트케테는 오스트리아 최대 국립공원인 카르벤델Karwendel 국립공원에 속하는데 정상으로 가는 길도 쉽고 빨라서 20분이면 해발 2256m 높이의 정상, 하펠레카르까지 오를 수 있다. 노르트케테바넨Nordkettenbahnen에서 푸니쿨라를 타고 케이블카를 2번 경유하면 되는데 조금만 올라가도 경치가 달라진다. 알프스의 장엄한 놀이터에서 모든 걸 잠시 내려두고 숨 고르기를 해보자.

Hungerburg
훙거부르크

해발 860m 높이로 노르트케테바넨에서 출발한 푸니쿨라의 종점이다. 여기에서 케이블카를 타고 제그루베로 이동하면 되는데 틈을 내어 1차 숨 고르기를 해도 좋다. 자하 하디드가 설계한 모던한 정류장과 자연이 어우러진 모습, 인Inn 강과 인스부르크 마을이 한눈에 들어오는 풍경은 놓치기 아깝다.

Seegrube
제그루베

훙거부르크에서 케이블카를 타면 1905m 높이의 제그루베로 오른다. 이곳에 내리면 한층 더 알프스에 가까워졌음을 느낄 수 있다. 티롤 지방의 음식을 맛볼 수 있는 제그루베 레스토랑에서 잠시 쉬어 가거나 겨울에 방문한다면 12~4월에 오픈하는 이글루 바에서 휴식을 즐겨도 좋다. 자연을 좀 더 만끽하고 싶다면 25분 소요되는 파노라마 트레일을 따라 걸어보자. 발아래로 펼쳐지는 인스부르크 마을과 그 주위를 둘러싼 알프스의 시원한 풍경을 실컷 담을 수 있다.

Hafelekar
하펠레카르

정상인 하펠레카르로 이동하려면 제그루베에서 한 번 더 케이블카를 타야 한다. 하늘과 가까워질수록 날씨 변덕도 심해진다. 정상은 케이블카에서 내려 오르막을 걸어 올라가야 나온다. 도심과 카르벤델 국립공원의 웅장한 자태를 반씩 담아 360°로 감상하다 보면 저절로 감탄이 쏟아진다. 한순간 도심에서 자연의 품으로 갈 수 있기에 감동의 크기가 배가된다.

- 📍 황금 지붕에서 도보 5분 거리에 있는 노르트케테바넨에서 푸니쿨라로 훙거부르크로 이동 후 케이블카로 하펠레카르까지 이동
- € 훙거부르크 왕복 티켓 €12.2, 하펠레카르 왕복 티켓 €47, 이 외 콤비 티켓은 홈페이지 참고
- ▸ nordkette.com

푸니쿨라, 케이블카	운행 시간	운행 기간(해마다 변동)
Hungerburgbahn	월~금요일 07:15-19:15 토, 일요일, 공휴일 08:00-19:15	겨울 2023.11.24~2024.04.21 점검 기간 2024.04.22~2024.04.26 여름 2024.04.27~2024.11.03 점검 기간 2024.11.04~2024.11.21
Seegrubenbahn	매일 08:30-17:30 매달 첫 번째 금요일 08:00-23:30	
Hafelekarbahn	매일 09:00-17:00	
* 푸니쿨라, 케이블카는 15분 간격으로 운행		

· SPECIAL ·

Swarovski Kristallwelten
스와로브스키 크리스털벨튼

스와로브스키 크리스털 월드는 1995년에 창사 100주년을 기념해서 만들어졌다. 아티스트 안드레 헬러André Heller가 디자인했으며 앤디 워홀 등 유명한 작가의 명화와 세계 관광 명소를 크리스털로 만든 다양한 콘셉트의 전시가 진행 중이다. 또 세계에서 가장 큰 스와로브스키 매장을 보유하고 있다. 크리스털 월드의 정원에 들어가면 가장 먼저 눈에 띄는 것이 안드레 헬러의 작품인 '자이언트'로, 거대한 얼굴 형상의 입에서 물이 내려온다. 다른 유명 작품으로는 반짝이는 크리스털 구름과 거울 연못이 있으며 4층으로 이루어진 플레이 타워에서는 오감을 이용한 놀이도 체험할 수 있다. 대형 크리스털 월드 매장에서는 매력적인 액세서리와 피규어와 같은 스와로브스키의 전 제품을 만나볼 수 있다. 카페이자 레스토랑인 다니엘 크리스털벨튼Daniels kristallwelten에는 전 세계 요리와 시즌별 요리가 마련되어 있다.

📍 인스브루크 중앙역Innsbruck Hbf에서 셔틀버스(왕복 €9.5)가 08:40-16:40에 2시간 간격으로 운행
🕘 09:00-19:00 (마지막 입장은 폐관 1시간 전까지)
€ 성인 €23, 6~17세 €7
➤ www.kristallwelten.swarovski.com

STRUDEL CAFE KROLL
슈트루델 카페 크뢸 |카페|

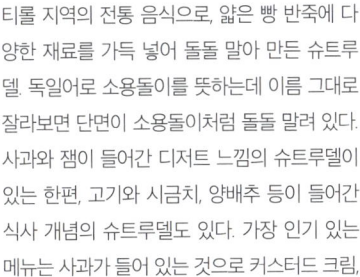

티롤 지역의 전통 음식으로, 얇은 빵 반죽에 다양한 재료를 가득 넣어 돌돌 말아 만든 슈트루델. 독일어로 소용돌이를 뜻하는데 이름 그대로 잘라보면 단면이 소용돌이처럼 돌돌 말려 있다. 사과와 잼이 들어간 디저트 느낌의 슈트루델이 있는 한편, 고기와 시금치, 양배추 등이 들어간 식사 개념의 슈트루델도 있다. 가장 인기 있는 메뉴는 사과가 들어 있는 것으로 커스터드 크림, 바닐라 아이스크림과 함께 먹는 것을 추천한다.

- 왕궁에서 도보 2분
- Hofgasse 6, 6020 Innsbruck
- 매일 07:00-21:00
- 한 조각 €5.6~
- www.strudel-cafe.at

DIE WILDERIN
디 빌더린 |독일, 오스트리아식|

디너만 판매하는 인스부르크의 숨은 맛집. 맛집 사이트에서도 항상 상위권을 차지하는, 여행자보다 현지인들에게 인정받는 곳이다. 매일 인스부르크 지방에서 생산된 제철 재료만 사용해 건강식을 만든다. 음식과 어울리는 와인과 맥주도 다양하다. 독일어 메뉴뿐이라고 당황하지 말자. 직원이 유창하고 친절하게 영어로 설명해주니 매일 바뀌는 메뉴 중 입맛에 맞는 음식을 추천받을 수 있다. 관광객과 현지인들로 항상 붐비니 예약은 필수다.

- 헬블링하우스에서 도보 1분
- Seilergasse 5, 6020 Innsbruck
- 화~일요일 17:00-24:00, 월요일 휴무
- 송아지 스테이크 €27.5, 소고기 타르타르 €18

MAMMA MIA
맘마 미아 | 이탈리아식 |

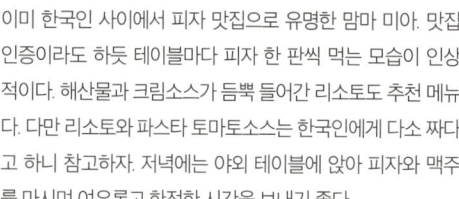

이미 한국인 사이에서 피자 맛집으로 유명한 맘마 미아. 맛집 인증이라도 하듯 테이블마다 피자 한 판씩 먹는 모습이 인상적이다. 해산물과 크림소스가 듬뿍 들어간 리소토도 추천 메뉴다. 다만 리소토와 파스타 토마토소스는 한국인에게 다소 짜다고 하니 참고하자. 저녁에는 야외 테이블에 앉아 피자와 맥주를 마시며 여유롭고 한적한 시간을 보내기 좋다.

- 헬블링하우스에서 도보 1분 미만
- Kiebachgasse 2, 6020 Innsbruck
- 목~화요일 10:00-22:00, 수요일 휴무
- 피자 €10.9~, 스파게티 €10.5~
- www.mammamia-innsbruck.at

360° CAFÉ
360° 카페 | 전망 레스토랑 |

쇼핑몰 라트하우스 갈레리엔Rathaus Galerien에 들어선, 인스부르크에서 360° 탁 트인 전망을 바라볼 수 있는 원형 카페이다. 전면이 통유리로 되어 있어 알프스산맥의 절경을 어느 테이블에서나 감상할 수 있다. 발코니에서는 알프스의 청정 공기를 마시며 칵테일을 음미할 수 있다. 밤에는 멋진 야경과 로맨틱한 실내 분위기로 커플에게 인기가 많아 자리를 잡는 것이 만만치 않다.

- 라트하우스 갈레리엔 7층
- Rathaus Galerien, Maria-Theresien-Straße 18, 6020 Innsbruck
- 월~토요일 10:00-01:00, 일요일 휴무
- 와인(글라스) €5.4~

TOMASELLI GELATERIA
토마셀리 젤라테리아 | 아이스크림 |

인스부르크 시내를 걸어 다니다 보면 한 손에 아이스크림을 들고 있는 사람을 쉽게 볼 수 있다. 그만큼 아이스크림 집도 많은데 그중 인스부르크 시내에만 3개 지점이 있는 토마셀리를 추천한다. 젤라토의 나라 이탈리아와 비교해도 손색이 없을 만큼 뛰어난 맛을 자랑한다. 매일 아침 신선한 재료로 만든 쫀득하고 달콤한 젤라토를 한 손에 들고 인스부르크 시내를 관광해보자.

- 성 안나 기념탑 맞은편
- Maria-Theresien-Straße 27, 6020 Innsbruck
- 일~목요일 10:00-23:00, 금~토요일 10:00-12:00
- 한 스쿱 €1.9, 두 스쿱 €3.7
- www.gelateria-tomaselli.at

GRAZ
그라츠

여행객에게 널리 알려지진 않았지만 오스트리아 제2의 도시로 빈 다음으로 큰 규모를 자랑한다. 그럼에도 관광지 대부분이 모여 있어 도보로 이동해도 하루 정도면 충분히 볼 수 있다. 여행의 구심점인 중앙 광장을 시작으로 현대미술관 쿤스트하우스 그라츠, 400년 역사의 에겐베르크 성, 무어 강 한가운데 세워진 인공 섬 무어인젤 등을 천천히 돌아보자. 과거와 현재 그리고 미래가 한 공간에 있는 듯한 묘한 체험을 하게 될 것이다.

TOURIST OFFICE
관광 안내소

Tourist-Info Graz
- 란트하우스 인근 위치
- Herrengasse 16, 8010 Graz
- 10:00-17:00(1~3월, 11월), 10:00-18:00(4~10월, 12월)

· 찾아가기 ·

TRAIN
기차

그라츠 구시가에서 약 2km 떨어져 있는 그라츠 중앙역 Graz Hauptbahnhof은 하루에 3만 명이 이용하는 오스트리아의 주요 기차역으로 대부분의 오스트리아 주요 도시와 직행열차로 연결된다. 역사 안에는 짐을 보관할 수 있는 라커가 있으며 크기에 따라 4가지 종류로 나뉘고 요금은 €2~4.5로 24시간까지 보관할 수 있다.

출발	소요시간	도착
빈	직행, 2시간 35분 소요	그라츠 중앙역
린츠	약 3시간 소요	
잘츠부르크	약 4시간 소요	

RENT A CAR
렌터카

출발	소요시간	도착
빈	약 2시간 10분 소요	그라츠
잘츠부르크	약 2시간 50분 소요	

· 시내 교통 ·

그라츠 관광지는 대부분 구시가에 모여 있어 도보로 다니기 충분하기 때문에 대중교통을 이용할 일이 많지 않으나 그라츠 중앙역에서 구시가로 이동할 때는 트램을 타는 것이 좋다. 그라츠는 6개의 트램, 24개 버스 노선을 갖추고 있으며 편도 티켓은 €3, 24시간권은 €6.4다. 트램 정류장의 자동판매기나 버스에 탑승한 뒤 구입하면 된다. 그라츠 시내 대중교통과 박물관, 슐로스베르크 언덕 시계탑 케이블카와 리프트 이용 등이 포함된 그라츠 카드의 경우 홈페이지(www.graztourismus.at)에서 온라인 형태로 구입할 수 있으며 성인 기준 24시간권 €30, 48시간권 €39, 72시간권 €44다.

TRAVEL HIGHLIGHT

Hauptplatz
중앙 광장

그라츠 여행의 시작을 알리는 중앙 광장으로 그라츠 시청과 다양한 빛깔로 칠한 18, 19세기 건물들이 광장을 둘러싸고 있다. 광장 한가운데의 분수에는 '슈타이어마르크의 왕자'로 불리며 지금도 존경받고 있는 대공 요한의 동상이 있고, 광장 남쪽으로는 유명 브랜드 숍이 들어선 거리 헤렌가세Herrengasse가 있다. 레스토랑, 카페 등이 운집해 여행자들이 한 번은 들르게 되는, 그라츠 여행의 구심점 같은 곳이다.

📍 그라츠 관광 안내소에서 도보 3분

Kunsthaus Graz
쿤스트하우스 그라츠

그라츠 유일의 현대미술 전시관으로 얼핏 우스꽝스러운 만화 속 외계 생명체 또는 우주선을 닮아 시민들에게 '친근한 외계인'이라는 별칭으로 불린다. 지난 2003년 그라츠가 유럽 문화의 수도로 지정된 것을 기념하는 의미에서 건설되었으며 주로 1960년대 이후 작품을 전시한다. 1만 1100m²에 이르는 방대한 공간은 물론, 전시 사업에 필요한 인프라를 착실히 갖춰 소도시의 미술관답지 않게 퀄리티 높은 전시를 자주 여는 편이니 미술에 관심이 있다면 놓치지 말고 들러보자.

- 중앙 광장에서 도보 6분
- 화~일요일 10:00-18:00, 월요일 휴관
- 성인 €12, 10세 미만 무료
- www.museum-joanneum.at/kunsthaus-graz

Schloss Eggenberg
에겐베르크 성

한스 울리히 폰 에겐베르크 대공이 1625년 밀라노의 건축가 조반니 피에트로 드 포미스를 불러들여 성을 짓게 하는데 그의 요구는 단 하나, 우주 만물의 힘을 담은 상징적 세계를 건설하는 것이었다. 오스트리아의 수많은 궁전 가운데에서도 에겐베르크 성이 오늘날 남다른 대접을 받는 이유는 이렇듯 궁전 안에 녹아든 갖가지 철학적인 접근 덕분이다. 중앙에 있는 첨탑은 거대한 해시계처럼 그림자가 드리워 계절과 시간을 알려주며 방들 또한 4개 시간대(아침, 정오, 저녁, 밤)에 맞추어 설계되었다. 동서남북을 상징하는 4개 탑과 1년을 상징하는 365개 창문, 하루를 상징하는 24개 방 등 궁전의 어떤 요소도 그냥 지어진 것이 없을 정도다. 숨은 이야기가 많은 곳인 만큼 투어를 이용해 돌아볼 것을 추천한다.

- 트램역 에겐베르크 성Scholoss Eggenberg에서 도보 4분
- 3/23~10/31 화~일요일 10:00-18:00, 월요일 및 동절기 휴관
- 성인 €12, 19세 이하 무료
- www.museum-joanneum.at/schloss-eggenberg-prunkraeume-und-gaerten

Grazer Landhaus & Landeszeughaus
란트하우스 & 무기 박물관

무기 박물관

시민 회관으로 불리는 란트하우스는 르네상스의 대표적인 건축물로, 이탈리아 건축가 도메니코 델랄리오Domenico Dell'Allio 가 1557~1565년에 지었으며 오래전 슈타이어마르크주의 주 의회가 있었던 곳이다. 특히 회랑을 둘러싼 안뜰이 무척 아름답고 계절마다 연극, 콘서트 등 다양한 축제가 열려 여행자뿐 아니라 그라츠 시민들도 즐겨 찾는다. 란트하우스 내 들어선 무기 박물관은 1642년 건설 당시 세계 최대 규모의 무기고였다. 총 4층으로 이루어진 전시관에 중세 시대에 쓰였던 갑옷, 칼, 방패, 창과 같은 무기 약 3만 점을 전시 중이다.

- 📍 쿤스트하우스 그라츠에서 도보 7분
- 🕐 무기 박물관 4~10월 화~일요일 10:00-18:00, 11~12월 11:00-15:00(가이드 투어만 가능), 월요일 및 12/24, 12/25 휴관
- € 성인 €12, 19세 이하 무료, 가이드 투어 1인 €3(약 1시간 소요)

란트하우스

Murinsel
무어인젤

무어 강 한가운데 세워진 인공 섬이다. 2003년 그라츠 출신의 로버트 푼켄호퍼Robert Fukenhofer와 뉴욕 건축가 비토 아콘치Vito Acconci가 설계했으며 쿤스트하우스 그라츠와 마찬가지로 그라츠가 유럽 문화의 수도로 지정된 것을 기념하기 위해 세워졌다. 신시가지와 구시가지를 연결하는 다리로도 활용되며 중간에 유리창으로 만들어진 인공 섬 외부에는 야외무대가 있어 소규모 콘서트와 문화 행사가 열린다. 카페, 숍과 같은 다양한 즐길 거리도 있다.

- 중앙 광장에서 도보 7분
- **카페** 화~일요일 11:00-20:00, 월요일 휴무 **숍** 화~금요일 10:00-1800, 주말, 공휴일 11:00-17:30, 월요일 휴무

Schlossberg Clock Tower
슐로스베르크 언덕 시계탑

473m 높이의 슐로스베르크Schlossberg 언덕에 세워진 시계탑이다. 16세기 중반에 성채로 처음 지어졌고 약 5톤에 이르는 종은 1265년 만들어졌으며 1560년에 현재와 같은 시계탑으로 완성되었다. 멀리서도 시간을 볼 수 있도록 시침 길이가 5.4m, 분침 길이가 2.7m나 된다. 요새로 지어졌지만 지대가 높은 만큼 현재는 그라츠 시내가 한눈에 들어오는 전망대로 더 유명하다. 노을 지는 저녁이 되면 로맨틱한 도시의 일몰을 보기 위해 많은 커플이 모인다. 시계탑까지 도보로도 갈 수 있지만 리프트나 케이블카를 타고 올라가는 것을 추천한다.

- 슐로스베르크플라츠Schlossbergplatz에서 리프트 탑승 / 슐로스베르크반Schlossbergbahn에서 케이블카 탑승
- **리프트** 매일 08:00-00:30 **케이블카** 월~목요일, 일요일 09:00-24:00, 금~토요일 09:00-다음 날 02:00(15분 간격 운행)
- € 리프트 편도 €1.9, 케이블카 편도 €2.7

Mausoleum Kaiser Ferdinands II
페르디난트 2세 영묘

황제 페르디난트 2세가 아버지인 대공 카를 2세를 위해 건설한 왕실 묘다. 외관은 이탈리아 건축가 피에트로 데 포미스가 건축했으며 내부는 바로크양식 건축가인 요한 피셔 폰 에를라흐의 작품으로 작지만 화려한 내부를 자랑한다. 1614년 만들어지기 시작했지만 페르디난트 2세의 죽음으로 잠시 중단되었고, 레오폴트 1세가 100년 만인 1714년에 완성했다. 르네상스의 끝과 바로크 출현 사이의 독특한 건축양식을 보여주는 중요한 문화재다.

📍 중앙 광장에서 도보 7분
🕐 화~토요일 09:00-19:00, 일요일 09:00-18:00, 월요일 휴무
€ 성인 €6

LINZ
린츠

도나우 강을 따라 자리 잡고 있는 문화와 기술의 도시 린츠. 미디어 아트 작품을 소개하는 아르스 일렉트로니카 센터와 아르스 일렉트로니카 페스티벌만 봐도 기술과 예술의 만남으로 주목받는 도시라는 걸 알 수 있다. 미식 투어에 관심이 있다면 린처 토르테Linzer Torte를 빼놓지 말자. 영화나 만화 등에서 숱하게 본 격자무늬의 바로 그 파이! 오스트리아 전역에서 쉽게 볼 수 있지만 린츠의 전통 요리인 만큼 꼭 맛볼 것을 추천한다.

ⓘ TOURIST OFFICE
관광 안내소

Tourist-Info Linz
- 구시청사 건물에 위치
- Hauptplatz 1, 4020 Linz
- 10~4월 09:00-17:00(월~토요일), 10:00-17:00(일, 공휴일),
  5~9월 09:00-19:00(월~토요일), 10:00-19:00(일, 공휴일)

· 찾아가기 ·

🚆 TRAIN
기차

린츠 중앙역 Linz Hauptbahnhof은 대부분의 오스트리아 대도시와 기차로 연결된다. 역사 안에는 짐을 보관할 수 있는 라커가 있어 숙박을 하지 않고 경유할 때 유용하다. 라커는 크기에 따라 4가지 종류가 있으며 요금은 €2~4.5로 24시간까지 보관할 수 있다.

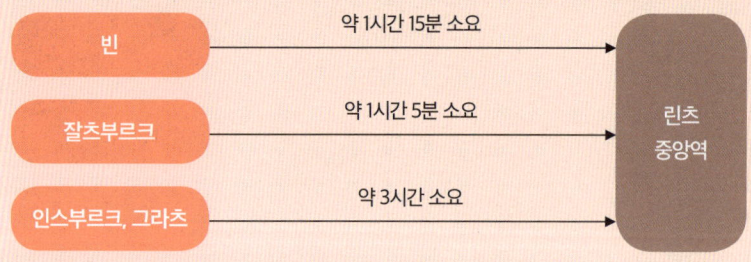

🚗 RENT A CAR
렌터카

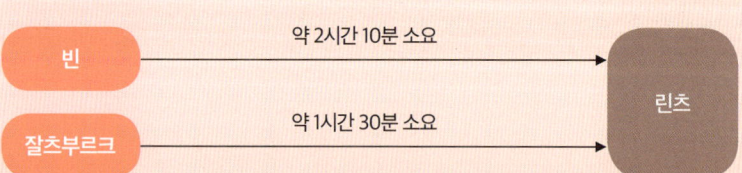

· 시내 교통 ·

린츠 중앙역에서 구시가 중심인 중앙 광장 Hauptplatz까지는 약 2km로 트램을 이용하는 것이 좋다. 교통 티켓은 단거리 Mini-Karte €1.4, 장거리 Midi-Karte €2.8, 24시간권 Maxi-Karte €5.6 등이 있으니 일정에 맞춰 선택하자. 티켓은 각 정류장의 자동판매기에서 구입할 수 있으며 린츠의 교통 앱 린츠모빌 LinzMobil을 통해서도 온라인 형태로 구입할 수 있다. 린츠 시내의 박물관 7곳과 식물원, 대중교통, 시티 투어, 고속 열차 등을 모두 이용할 수 있는 린츠카드 Linz-Card의 경우 홈페이지(www.shop.linz.cards)와 모바일 앱 린츠모빌을 통해 QR코드 형태로 구입 가능하며, 성인 기준 1일권은 €16(6~14세 어린이 €9), 2일권은 €27(6~14세 어린이 €15), 3일권은 €35(6~14세 어린이 €19)다.

> TRAVEL HIGHLIGHT

Hauptplatz
중앙 광장

린츠 시내 중심에 있으며 총면적 1만 3200㎡로 오스트리아에서 가장 큰 광장 중 하나다. 여행자에게는 린츠 여행의 구심점으로, 현지인에게는 만남의 광장으로 통한다. 바로크와 로코코 양식의 아름다운 건물과 분위기 좋은 노천카페로 둘러싸여 있어 어떤 각도로 사진을 찍어도 인생 숏을 건질 수 있다. 광장 한가운데 있는 기념비는 1723년 완성된 삼위일체 탑으로 오스만튀르크 제국과의 전투 및 페스트의 종식을 기념하기 위해 세운 것이다. 20m 높이로 우뚝 솟아 있어 도시의 위엄을 보여준다.

📍 린츠 중앙역Linz Hauptbahnhof에서 도보 24분 / 트램역 린츠/도나우 중앙 광장Linz/Donau Hauptplatz에서 도보 1분

Alter Dom
구 대성당

17세기 후반에 지은 구 대성당 성 이그나티우스 교회는 1785년부터 1909년까지 린츠의 주교좌 성당이었다. 바로크양식의 단순한 형태의 건물이지만 멀리서도 2개 탑과 청색 외관이 눈에 띈다. 외관과 다르게 내부는 크고 웅장하다. 특히 다채로운 대리석과 수많은 조각상으로 꾸며진 제단과 선교단은 아름답고 매우 화려하다. 1856년부터 1868년까지 오스트리아 작곡가 안톤 브루크너Anton Bruckner가 이곳의 오르간 연주자로 활약하기도 했다. 이를 기념해 입구 왼쪽에는 그의 부조가 새겨져 있다.

📍 중앙 광장에서 도보 2분
🕗 08:00-18:00
€ 무료

Linzer Mariendom
신 대성당

오스트리아에서 가장 큰 교회인 신 대성당은 1924년 완공되어 2만 명을 수용할 수 있다. 다양한 조각상으로 꾸며진 내부가 특히 아름답지만 형형색색의 화려한 스테인드글라스로 반짝이는 외관도 놓칠 수 없는 볼거리다. 스테인드글라스 창문은 성당의 역사적 장면과 성경 이야기를 묘사해놓아 기독교에 관심이 있다면 눈여겨볼 만하다. 성당 내부에는 훌륭한 음질을 자랑하는 오르간이 있어 미사 때 더욱 많은 사람들이 찾는다. 134m 높이의 첨탑에서는 린츠 시내의 경치를 한눈에 감상할 수 있다. 멋스러운 도시경관과 함께 휴식을 누리기 좋은 곳으로 많은 사랑을 받고 있다.

- 중앙 광장에서 도보 10분
- 월~토요일 07:30-19:00, 일요일, 공휴일 08:00-19:15
- € 무료

Ars Electronica Center
아르스 일렉트로니카 센터

도나우 강 옆에 자리한 모던한 건물의 아르스 일렉트로니카 센터는 저녁이면 화려한 빛의 LED로 눈길을 사로잡는다. 세계 최고의 미디어 아트 미술관으로, 과학기술과 접목된 새로운 형태의 예술을 소개하는 플랫폼이다. 1979년 미디어 아트 페스티벌로 시작된 기관이고 매년 45여 개국, 1000여 명 이상의 예술가와 과학자가 참여하는 세계적 권위를 자랑하는 대규모 행사다.

- 린츠 중앙역Linz Hbf에서 도보 7분
- 화~일요일 10:00-17:00, 월요일 휴무
- 성인 €13, 5세 미만 무료

KLAGENFURT

클라겐푸르트

오스트리아 케른텐Kärnten의 주도인 클라겐푸르트는 뵈르테제 호수Wörthersee 동쪽에 있어 보통 클라겐푸르트암뵈르테제Klagenfurt am Wörthersee라 불린다. 1279년에 건설된 오래된 도시이며 16세기와 18세기 사이 여러 차례 화재를 겪은 뒤 근대도시로 재건되었다. 레저와 문화의 도시이자 구시가지는 '르네상스의 보석'이라 불릴 만큼 문화재가 많아 우리나라의 경주처럼 학생들이 많이 찾는 곳이기도 하다. 휴가를 즐기기 위한 최적의 장소로 꼽힐 뿐 아니라 매년 여름 유럽 최대 규모의 목재 박람회가 열려 관광객이 많이 찾는다.

TOURIST OFFICE
관광 안내소

Tourist-Info Klagenfurt
- 클라겐푸르트 중앙역에서 C버스 탑승 후 노이어 광장Neuer Platz역 하차, 도보 1분
- Neuer Pl. 5, 9020 Klagenfurt am Wörthersee
- 월~금요일 09:00-17:00, 토요일 09:00-16:00, 일요일 10:00-15:00

· 찾아가기 ·

TRAIN
기차

클라겐푸르트 중앙역은 남부 오스트리아의 주요 철도역 중 하나로 1863년 개통해 100년이 넘는 역사를 자랑한다. 오스트리아 대부분의 주요 도시와 직행열차로 연결된다.

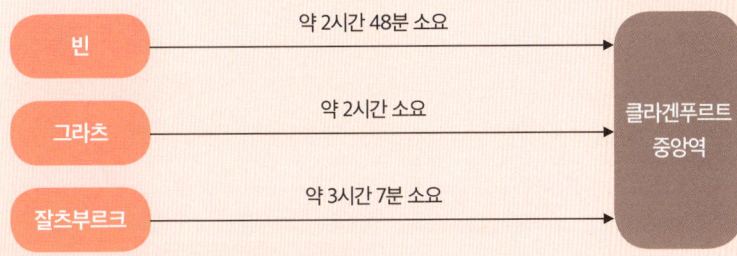

- 빈 → 클라겐푸르트 중앙역: 약 2시간 48분 소요
- 그라츠 → 클라겐푸르트 중앙역: 약 2시간 소요
- 잘츠부르크 → 클라겐푸르트 중앙역: 약 3시간 7분 소요

RENT A CAR
렌터카

- 빈 → 클라겐푸르트: 약 3시간 20분 소요
- 잘츠부르크 → 클라겐푸르트: 약 2시간 30분 소요

· 시내 교통 ·

도시의 규모가 크지 않고 대부분의 시내 관광지가 구시가지 인근에 모여 있어 시내만 본다면 대중교통을 이용할 일이 거의 없다. 다만 미니문두스Minimundus나 뵈르테제Wörthersee 호수처럼 유명 관광지 대부분이 근교에 있어 버스를 이용할 일이 종종 발생한다. 버스 금액은 성인 기준 편도 1회권이 €1.8, 24시간권이 €3.8이며 버스 탑승 시 구입 가능하다. 모바일 앱 크라겐푸르트모빌 KlagenfurtMobil 이용 시 할인가로 구입 가능하며 성인 편도 1회권이 €1.4, 24시간권이 €3이다.

TRAVEL HIGHLIGHT

Innere Stadt
구시가지

오스트리아에서 가장 유서 깊은 중심지인 클라겐푸르트 구시가지는 아름답게 복원된 르네상스 양식의 건물로 가득하다. 그중에서 16세기 후반에 지어진 주 의회 건물 란트하우스 갤러리Landhouse Gallery는 화려한 프레스코화로 장식된 대홀Great Hall이 눈길을 사로잡는다. 그 밖에도 구시가지에는 트렌디한 바, 정통 비어 가든, 현대적 부티크 등이 들어서 있으며 중앙 광장인 노이어 광장Neuer Platz, 용분수Lindwurmbrunnen 등 다양한 볼거리가 있다. 1605년 귀족을 위한 무도회장으로 처음 지어져 화려한 내부 시설을 자랑하는 시립극장Stadttheater Klagenfurt 등 문화 공간도 착실히 갖추고 있다.

📍 클라겐푸르트 중앙역Klagenfurt Hbf에서 A, C, 4번 버스 탑승 후 노이어 광장Neuer Platz 정류장에서 하차

란트하우스갤러리

용분수

Minimundus
미니문두스

자유의 여신상, 바티칸 박물관 등 세계 유명 건축물을 1:25 크기로 재현한 미니어처 테마파크 공원이다. 사암, 용암, 현무암, 대리석 등 다양한 재료를 사용해 각국의 랜드마크를 정교하게 재현해낸 솜씨가 놀라울 정도다. 1958년 처음 건설된 뒤 현재 2만 6000m²까지 확장되었으며 2016년에는 실내 공간도 생겨나면서 어린이 동반 가족 여행객에게 사랑받는 테마파크가 되었다.

- 클라겐푸르트 중앙역 Klagenfurt Hbf에서 S1 버스 탑승 후 클라겐푸르트 서Klagenfurt West역 하차, 도보 약 4분
- 3/22~11/03 매일 09:00-18:00, 5~9월 09:00-19:00, 11/4~03/21 휴관
- 성인 €20, 6~15세 €10
- www.minimundus.at

Wörthersee
뵈르테제 호수

오스트리아 케른텐주에서 가장 큰 호수로 눈 덮인 알프스의 산봉우리로 둘러싸인 아름다운 풍경을 보며 각종 수상 스포츠를 즐길 수 있다. 물이 맑고 따뜻한 걸로도 유명한데 여름이 되면 25°C까지 올라 '유럽의 목욕탕'이라는 별칭으로도 불린다. 호숫가 주변으로 아기자기한 마을이 자리해 산책하기 좋으며 트레일 코스를 따라 자전거 라이딩이나 하이킹을 즐기기에도 좋다.

- 클라겐푸르트 중앙역 Klagenfurt Hbf에서 S1 버스 탑승 후 프릿슈츠역 Pritschitz Bahnhof 하차, 도보 14분

· SPECIAL ·

Pyramidenkogel Tower
피라미덴코겔 타워

100m 높이의 세계에서 가장 높은 목조 전망대로 2013년 해발 851m의 피라미덴코겔 정상에 건설되었다. 441개 계단을 오르거나 파노라마 리프트를 타고 올라가 아름다운 전망을 즐길 수 있는데, 특히 9층에 있는 '스카이 박스Sky Box'는 전체가 통유리로 되어 있어 말 그대로 파노라믹 뷰가 펼쳐진다. 내려올 때는 유럽에서 가장 긴 실내 터널 슬라이드를 이용하는데 꼭대기에서 지층까지 20초밖에 걸리지 않아 짜릿한 스릴을 선사한다. 지층에는 레스토랑, 티켓 판매소, 기념품점 등이 있고 야외 공간에는 놀이터도 있어 어린이 동반 가족 여행객에게 인기가 많다. 오픈 시간이 달마다 달라지기 때문에 방문 전 홈페이지를 통해 정확한 운영 시간을 확인하는 편이 좋다.

- 클라겐푸르트 중앙역Klagenfurt Hbf에서 5316번 버스 탑승 후 코히차허 제 브뤼클러Keutschacher See Gh Brückler역에서 5314번 버스로 환승, 피라미덴코겔Pyramidenkogel역 하차
- 10~2월 10:00~17:00, 3~4월 10:00~18:00, 5월, 9월 09:00~19:00, 6월 09:00~20:00, 7~8월 09:00~21:00
- 성인 €17, 16~17세 €11, 6~15세 €8, 슬라이드 티켓 별도 €5
- www.pyramidenkogel.info

한눈에 보는 오스트리아 기본 정보

국가명 | 오스트리아 공화국 Republic of Austria
수도 | 빈 Wien
언어 | 독일어 98%, 기타 언어 2%
면적 | 8만 3879km²
위치 | 독일, 스위스, 이탈리아, 슬로베니아, 헝가리, 슬로바키아, 체코와 접경한 동부 유럽

인구 | 약 900만 명
종교 | 가톨릭 64%, 무교 26%, 이슬람교 8%, 기타 2%
통화 | 유로(EUR, €)
국가 번호 | 43
홈페이지 | www.oesterreich.gv.at

오스트리아의 주	오스트리아는 자치 정부가 있는 9개의 연방주(빈Wien, 부르겐란트Burgenland, 케른텐Kärnten, 니더외스터라이히Niederösterreich, 오버외스터라이히Oberösterreich, 잘츠부르크Salzburg, 슈타이어마르크Steiermark, 티롤Tirol, 포어아를베르크Vorarlberg)로 이루어져 있다.
시차	한국보다 8시간(Summer Time 기간에는 7시간) 느림
비행시간	빈 직항 기준 약 12시간 30분
전압	230V / 50Hz, 우리나라와 동일하게 2핀 사용
비자	무비자 90일 체류 가능(여권 유효기간 6개월 이상)
환전	최근에는 현금보다 해외 결제 시 수수료가 없는 트래블월렛 www.travel-wallet.com(사용할 만큼 충전하는 방식), 트래블로그, 하나 VIVA X체크카드 등을 많이 사용하는 추세이다. 각 카드마다 특징이 다르니 비교 후 선택하면 된다.
전화와 인터넷	로밍, 포켓 와이파이, 물리 유심, 이심 모두 사용 가능. 가장 저렴한 방법은 물리 유심과 이심이다. 단, 물리 유심의 경우 한국에서 오는 전화, 문자 수신이 불가하니 참고할 것
여행 최적기	5월 말~10월 초
영업시간	**은행** | 월~수요일, 금요일 08:00-12:30, 13:30-15:00, 목요일 08:00-12:30, 13:30-17:30 **우체국** | 월~금요일 08:00-18:00, 토요일 08:00-12:00 **상점** | 월~금요일 08:00-18:00, 토요일 13:00-17:00

알아두면 유용한 오스트리아 실용 정보

• 주요 도시 최고 · 최저 기온 •

빈

월	1월	2월	3월	4월	5월	6월	7월	8월	9월	10월	11월	12월
최고기온(℃)	3.0	5.0	10.0	16.0	21.0	24.0	26.0	26.0	21.0	15.0	8.0	3.0
최저기온(℃)	-3.0	-2.0	1.0	6.0	10.0	13.0	16.0	15.0	11.0	6.0	2.0	-2.0

잘츠부르크

월	1월	2월	3월	4월	5월	6월	7월	8월	9월	10월	11월	12월
최고기온(℃)	2.0	6.0	10.0	15.0	20.0	22.0	25.0	24.0	20.0	15.0	8.0	3.5
최저기온(℃)	-6.0	-2.0	1.0	5.0	9.0	12.0	14.0	14.0	10.0	6.0	-0.5	-4.5

오스트리아 기상청 사이트 www.zamg.ac.at

• 공휴일(2025년 기준) •

1월 1일	새해 첫날 Neujahr
1월 6일	주현절 Heilige Drei Könige
4월 21일●	부활절 다음 월요일 Ostermontag
5월 1일	노동절 Tag der Arbeit
5월 29일●	예수 승천 대축일 Christi Himmelfahrt
6월 9일●	성령 강림절 다음 월요일 Pfingstmontag
6월 19일●	성체 축일 Fronleichnam
8월 15일	성모 승천 대축일 Mariä Himmelfahrt
10월 26일	건국 기념일 Österreichischer Nationalfeiertag
11월 1일	만성절 Allerheiligen
12월 8일	성모 수태일 Mariä Empfängnis
12월 25일	성탄절 Christtag
12월 26일	성 슈테판 축일 Stefanitag

● 표시는 해마다 변동

TIP 베일 금지법

오스트리아는 법원, 학교 등 공공장소에서 얼굴을 알아보지 못하도록 가리는 것을 금지하는 베일 금지법을 2017년 10월부터 시행하고 있다. 이슬람 여성이 착용하는 니캅niqab과 부르카burka를 포함해 공공장소에서 얼굴을 모두 가리고 있을 경우, 경찰의 단속 대상이 될 수 있다. 베일을 벗어달라는 경찰의 권고를 무시할 경우 연행되거나 벌금을 물 수 있으니 얼굴을 가리지 않고 다니도록 주의하자.

· 축제 ·

빈 필하모닉 신년 음악회
| 빈 · 1월 1일 |

뉴욕, 베를린과 함께 세계 3대 오케스트라로 꼽히는 빈 필하모닉의 신년 음악회. 1939년부터 시작되었으며 전 세계 TV로 생중계된다.

쇤브룬 부활절 마켓
| 빈 · 부활절 주간 |

쇤브룬 궁전 앞 광장에서 열리는 노천 마켓으로 다양한 기념품과 음식을 판매한다. 가장 인기 좋은 것은 달걀을 활용한 장식품이다.

빈 미식 축제
| 빈 · 어머니날 주간 |

매해 어머니날 주간 빈 시립 공원에서 음식 페스티벌이 열린다. 와인과 치즈를 비롯해 전국 각지에서 다양한 특산품을 선보인다.

빈 페스티벌
| 빈 · 5~6월 |

초여름 열리는 한 달간의 문화 행사다. 음악회, 전시, 포럼 등 다양한 장르의 공연이 소개되며 빈 시내 17곳에서 동시에 열린다.

수선화 축제
| 잘츠카머구트 · 5~6월 |

매해 여름이 시작되면 잘츠카머구트는 눈 돌리는 곳마다 수선화가 가득 핀다. 수선화로 장식된 배를 띄우고 수선화 여왕과 공주를 뽑는 경연을 연다.

빈 프라이드
| 빈 · 5월 |

LGBTQ 퍼레이드 행사로 성소수자의 인권과 동등한 대우를 촉구하는 데 중점을 둔다. 오스트리아는 2019년부터 동성애 결혼을 합법화했다.

빈 필하모닉 서머 나이트 콘서트
| 빈 · 6월 |

여름밤의 무더위를 날려줄 빈 필하모닉의 클래식 콘서트로 쇤브룬 궁전 앞 광장에서 열린다. 요한 슈트라우스의 작품을 자주 연주한다.

브레겐츠 페스티벌
| 브레겐츠 · 7~8월 |

1945년부터 시작된 브레겐츠의 국제적인 예술 축제다. 브레겐츠 호수에 설치된 거대한 무대에서 오페라, 뮤지컬, 교향악 등 다양한 공연을 펼친다.

임펄스탄츠 빈 국제 댄스 페스티벌
| 빈 · 7월 |

매년 여름 빈에서 약 한 달간 열리는 국제 무용제다. Impuls(충동적인)와 Tanz(무용)를 결합한 명칭처럼 자유로움이 가득한 현대무용 기반의 축제다.

뫼르비슈 오페레타 페스티벌
| 뫼르비슈 · 7~8월 |

소규모 오페라를 칭하는 오페레타 국제 행사로 1957년부터 시작되었다. 뫼르비슈 호수 인근의 자연 무대에서 열린다.

잘츠부르크 페스티벌
| 잘츠부르크 · 7~8월 |

모차르트의 탄생지 잘츠부르크에서 열리는 연극과 클래식 공연 축제다. 1920년에 시작돼 100년이 넘는 역사를 자랑하며 세계적인 오페라 가수들이 참여한다.

카이저 비즌
| 빈 · 10월 |

빈의 암 호프 광장에서 열리는 소규모 맥주 축제로 오스트리아 전역 40여 개 브루어리에서 200여 종의 맥주를 선보인다.

빈 비엔날레
| 빈 · 10월 |

빈에서 열리는 비경쟁 국제영화제다. 단편과 장편, 다큐멘터리 등 180여 편의 영화가 상영되며 게스트로 할리우드 배우들이 참여하기도 한다.

크리스마스 마켓
| 전국 각지 · 11~12월 |

독일어권 국가인 만큼 오스트리아는 크리스마스 마켓이 유명하다. 11월 중순부터 전국 각지에서 열리며 공예품, 장식품, 핸드메이드 예술품 등을 판매한다.

· 물가 ·

우리나라와 비슷하거나 조금 저렴한 편이며 서유럽 국가에 비해서는 저렴하고 다른 동유럽 국가 중에서는 비싼 편에 속한다.

· 현지 연락처 ·

- **주 오스트리아 대한민국 대사관**
- Gregor Mendel Strasse 25, A-1180, Vienna
- +43 1 478 1991
  주말, 공휴일 및 근무 시간 외 연락처 +43 664 527 0743
- 영사과 민원실 월~금요일 09:00-12:00, 14:00-16:00
  대사관(영사과 외) 09:00-12:30, 13:30-17:00
- overseas.mofa.go.kr/at-ko/index.do

· 유용한 전화번호 ·

긴급 요청 112 | 경찰 133 | 구급차 144 | 화재 122

· 오스트리아 Tourist Tax ·

오스트리아에서는 '숙박세, 도시세'라고도 불리는 관광세를 지불해야 하며 이는 1인 1박당 숙박 요금에 과세하는 세금이다. 요금은 여행 지역 및 호텔 등급 등에 따라 차이가 있다. 빈에서는 숙박료의 약 3.02%(판매세, 조식 금액 제외)를 부과한다.

오스트리아 출입국 정보

· 입국 ·

단기간 입국자의 경우 입국신고서는 작성하지 않는다. 입국 심사 창구는 EU-Citizen과 All Passport로 구분되어 있으며, All Passport 쪽으로 줄을 서면 된다.

· 출국 ·

해당 항공 카운터에서 체크인 후 출국 보안 검색대를 통과하면 항공사 구역별로 출국 심사대가 있다. 부가가치세 환급 VAT Refund를 받을 경우 항공 체크인 수화물을 부치기 전에 수속해야 한다. 다만 기내 수화물로 들고 갈 물건을 환급받을 경우는 항공 체크인 후 보안 검색대를 통과한 뒤 수속하면 된다.

> **TIP 오스트리아 입국 시 세관 규정**
>
> 오스트리아 입국 시 1인당 반입 가능한 한도는 주류의 경우, 알코올 농도 22도 이하 2L, 22도 이상 1L다. 담배의 경우 궐련 200개비 또는 시가 50개비 중 한 가지를 면세받을 수 있다(주류, 담배만 17세 이상 여행자만 반입 가능). 면세 한도 금액은 항공 이용 시 1인당 €430(15세 미만 €150).
>
> * 해당 국가의 법령 개정으로 인한 변경이 있을 수 있다.

· 부가가치세 환급 VAT Refund ·

출국 시 면세 수속을 할 경우 부가가치세 환급이 가능한 곳에서 같은 날 같은 상점에서 산 상품의 합계가 €75.01 이상 되는 영수증을 지참(구매 후 12주 이내, 사용하지 않은 제품)해야 상품 가격에 포함된 부가가치세(수수료 등 제외 후 약 12%)를 환급받을 수 있다.

빈 공항에서 환급 받기
'TAX FREE' 표지판을 따라 이동 ⇨ 무인 키오스크 ⇨ 한국어 선택 ⇨ 필요한 정보 입력 ⇨ e-STAMP 발급 ⇨ 현금 환급 또는 카드 환급 중 선택

- **현금으로 받을 경우** | 해당 환급 대행업체 카운터에서 수령
- **카드로 받을 경우** | 해당 환급 대행업체 수거함에 필요한 서류 봉투 넣기

현금 환급 시 수수료 제외 후 당일 공항 창구에서 받을 수 있고, 신용카드의 경우 빠르면 2주, 느리면 2달 정도 소요된다. 키오스크에서 승인이 나지 않는 경우나 물건을 구입하는 매장에서 전산 등록이 안 된 경우에는 세관 직원의 스탬프를 직접 받아야 하니 참고하자.

샬레트래블북

AUSTRIA
오스트리아

초판 발행 2024년 9월 9일

글 | 이진영, 정의진
사진 | 강승희, 정소현
펴낸곳 | ㈜샬레트래블앤라이프
펴낸이 | 강승희, 강승일
출판등록 | 제313-2009-66
주소 | 서울시 마포구 서교동 어울마당로 5길 26. 1~5F
판매 & 내용 문의 | 02-323-1280
travelbook@chalettravel.kr
디자인 | 기민주
지도 일러스트 | 김선애

ISBN 979-11-88652-35-8 (13920)
값 18,000원

CHALET Travel Book은 ㈜샬레트래블앤라이프의 출판브랜드입니다.

이 책의 저작권은 저작권법에 보호받는 저작물이므로 무단 전재와 무단 복제를 금합니다.
잘못된 책은 구입하신 곳에서 교환해 드립니다.

www.chalettravel.kr